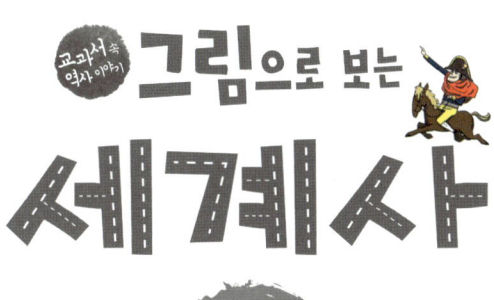

교과서 속 역사 이야기
그림으로 보는 세계사 ④

개정판 1쇄 발행 2022년 3월 10일
개정판 7쇄 발행 2025년 6월 15일

글 김애숙 | **그림** 송진욱 | **감수** 역사사랑

발행인 오형석
편집장 이미현 | **편집** 정은혜 | **디자인** 이희승
발행처 (주)계림북스
신고번호 제2012-000204호 | **등록일자** 2000년 5월 22일
주소 서울시 마포구 창전로 74 여촌빌딩 3층
대표전화 (02)7079-900 | **팩스** (02)7079-956
도서문의 (02)7079-913
홈페이지 www.kyelimbook.com

ⓒ계림북스, 2022
이 책에 실린 글과 그림, 사진의 무단 전재나 복제를 금합니다.

ISBN 978-89-533-3443-4 74900 | 978-89-533-3439-7(세트)

교과서 속 역사 이야기
그림으로 보는 세계사

글 **김애숙** | 그림 **송진욱** | 감수 **역사사랑**

계림북스

감수의 말

그림을 보며
세계사를 술술 읽는다!

우리는 인류의 등장 이후로 세계 여러 나라가 활발하게 교류하는 시대에 살고 있습니다. 지구 반대편에서 방금 찍은 동영상을 인터넷으로 볼 수 있고, 다른 나라를 여행하거나 유학을 갈 수도 있죠. 그래서 세계 역사와 문화를 이해하는 것이 더욱 중요해졌습니다.

세계 역사는 그 양이 아주 방대합니다. 또 낯설고 어려운 역사 용어가 많이 나오지요. 그래서 쉽고 재미있게 공부하는 것이 매우 중요합니다.

〈그림으로 보는 세계사〉 시리즈는 세계사를 처음 배우는 초등학생 눈높이에 맞게 쓴 역사책입니다. 이 책은 초등 독자가 혼자서도 읽을 수 있게 쓰였습니다. 간결한 제목과 그림으로 풀어 쓴 역사 이야기가 술술 읽힙니다. 따라서 책을 반복해서 여러 번 보기만 해도 고대부터 현대까지 세계사의 전체적인 흐름을 이해할 수 있을 거예요. 더불어 초등학생에게 꼭 필요한 기초 지식뿐만 아니라 중학교

세계사 공부의 기초를 탄탄히 다질 수 있습니다.

　책은 우리가 직접 체험해 보지 못한 것을 간접적으로 경험해 볼 수 있게 해 줍니다. 따라서 이 책에 담긴 지식을 학생들이 자신의 것으로 만든다면, 이미 세계를 한 번 체험해 본 것이나 다를 것이 없습니다. 앞으로 세계 여러 나라들이 더욱 긴밀하게 연결된 지구에서 살아갈 우리 학생들이 〈그림으로 보는 세계사〉를 읽고 보다 나은 미래를 고민해 볼 수 있기를 바랍니다.

역사사랑(전국역사교사모임 내 연구모임)

차례

- 영국이 부강한 나라가 되었어요 ········ 12
  - 제임스 2세를 몰아냈어요
  - 기계로 옷감을 만들기 시작했어요
  - 기차가 많은 사람과 물건을 빠르게 옮겨 주었어요
  - 식민지가 많이 필요했어요
  - 런던 만국 박람회가 열렸어요

세계사 속 한국사 ········ 22
우리나라에 언제부터 기차가 달렸을까요?

- 자유와 평등을 이뤄 낸 프랑스 혁명 ········ 24
  - 평민 대표들이 테니스 코트에서 자유를 외쳤어요
  - 화난 사람들이 바스티유 감옥을 공격했어요
  - 라 마르세예즈를 부르며 용감히 싸웠어요
  - 많은 사람의 목숨을 빼앗은 단두대

- 프랑스의 영웅, 나폴레옹 등장 ········ 30
  - 나폴레옹이 황제가 되었어요
  - 나폴레옹이 전쟁에서 지고 또 졌어요
  - 혁명 100주년을 기념해 에펠 탑을 세웠어요

세계사 속 한국사 ········ 35
우리나라 국가는 언제 생겨났을까요?

- 자유와 통일 운동이 널리 퍼졌어요 ········ 36
  - 프랑스 혁명을 없던 일로 하려고 했어요
  - 자유와 평등이 무너뜨린 빈 체제
  - 독일과 이탈리아가 통일했어요
  - 노동자들이 투표할 수 있게 되었어요
  - 러시아에서 농노가 자유를 얻었어요

- 과학의 발달로 새로운 것이 많이 생겼어요 ········ 46
  - 노벨상이 생겼어요
  - 뼈 사진을 찍을 수 있어요
  - 밤이 낮처럼 밝아졌어요

세계사 속 한국사 ········ 51
우리나라에는 언제 전기가 들어왔을까요?

  - 카메라의 발명과 그림의 변화
  - 커다란 변화를 가져온 계몽사상

세계사 놀이터 숨은 그림 찾기 ········ 56

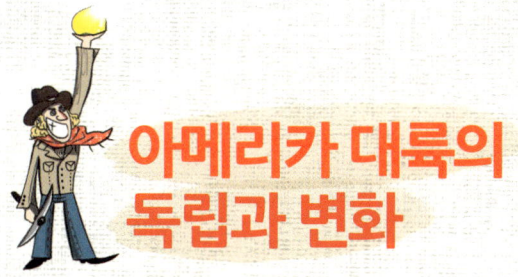

아메리카 대륙의 독립과 변화

- **미국이 태어났어요** 60
  - 북아메리카에 13개의 식민지가 만들어졌어요
  - 영국이 세금을 많이 내라고 했어요
  - 영국에서 온 차를 바다에 던져 버렸어요
  - 영국으로부터 독립을 했어요
  - 세계 최초의 민주주의 공화국이 세워졌어요

세계사 속 한국사 69
우리나라가 독립 선언을 했어요

- **미국에 남북 전쟁이 일어났어요** 70
  - 북부에는 공장이, 남부에는 농장이 있었어요
  - 노예를 자유롭게 한 링컨 대통령
  - 자유를 위해 싸운 흑인 여성, 해리엇 터브먼

- **미국이 점점 넓어졌어요** 76
  - 동부와 서부를 잇는 열차 길이 생겼어요
  - 아메리카에는 아메리카 원주민이 살고 있었어요
  - 서부로 가는 길에 만들어진 청바지
  - 프랑스가 선물한 자유의 여신상

세계사 속 한국사 83
우리나라에도 노예 제도가 있었나요?

- **유럽의 지배에서 벗어난 라틴 아메리카** 84
  - 다양한 혈통의 사람들이 살았어요
  - 자유와 평등이 대서양을 건너갔어요
  - 크리오요들이 독립운동을 이끌었어요
  - 산 마르틴 광장이 여러 나라에 있는 이유

세계사 속 한국사 91
위인들의 이름을 붙였어요!

세계사 놀이터 관련 없는 그림 찾기 92

꿈틀거리는 동아시아

- **청나라가 불평등 조약을 맺게 되었어요** 96
  - 청나라는 광저우에서만 무역을 허락했어요
  - 영국이 청나라에 아편을 팔았어요
  - 청나라와 영국이 난징 조약을 맺었어요

- **청나라는 달라지려고 노력했어요** 102
  - 변발과 전족을 없애려고 했어요
  - 서양식 무기 공장과 학교를 만들었어요

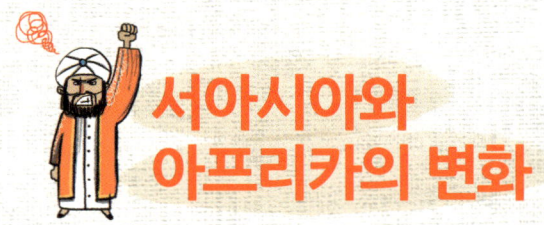

서아시아와 아프리카의 변화

세계사 속 한국사 ······ 105
청나라에 간 조선의 유학생들

— 백성들이 서태후에게 등을 돌렸어요

— 개혁 운동이 100일 만에 끝났어요

— 서양 세력과 의화단이 대결했어요

• **일본이 항구를 열고 개혁을 이루었어요** ······ 112

— 검은 배를 타고 온 미국인들

— 개혁을 통해 일본이 변하기 시작했어요

— 서양식 집과 옷을 만들었어요

— 일본이 조선에 무역을 하자고 했어요

세계사 속 한국사 ······ 119
조선 최초로 서양식 옷을 입은 사람은 누구일까요?

세계사 놀이터 가로 세로 낱말 퍼즐 ······ 120

• **오스만 제국이 약해지지 않으려고 노력했어요** ····· 124

— 서양 문화를 받아들이려 노력했어요

— 모든 남자들이 같은 모자를 쓰도록 했어요

— 개혁을 했지만 다시 어려워졌어요

— 헌법을 만들고 학교도 세웠지만…

— 러시아 군대가 이스탄불까지 쳐들어왔어요

• **이란과 아랍 세계에서 개혁 운동이 일어났어요** ····· 132

— 이란이 러시아에게 어려움을 당했어요

— 영국에게 넘겼던 권리를 되찾았어요

— 와하브 운동이 일어났어요

— 와하브 왕국이 세워졌어요

— 이슬람교 아래에서 하나가 되려고 했어요

• **이집트가 영국의 보호국이 되었어요** ····· 140

— 오스만 제국의 지배에서 벗어났어요

— 인도로 가는 수에즈 운하를 만들었어요

— 운하의 권리를 영국에게 넘겨주었어요

— 영국의 보호국이 되었어요

세계사 속 한국사 ······ 148
나라를 지키기 위한 고종의 노력

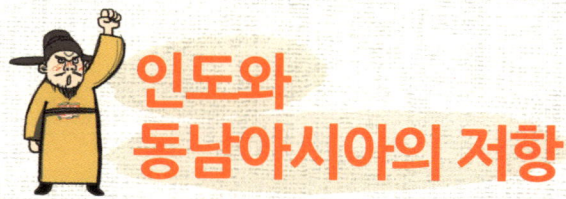

인도와 동남아시아의 저항

- **아프리카 땅을 유럽이 나누어 가졌어요** ········ **150**
  - 아프리카를 사랑한 탐험가 리빙스턴
  - 콩고 사람들의 비극
  - 아프리카를 나눠 가졌어요
  - 에티오피아가 나라를 지켜 냈어요

세계사 속 한국사 ································· **155**
6·25 전쟁에 군대를 보낸 나라
  - 남아프리카 공화국에서 광산 때문에 전쟁이 일어났어요

세계사 놀이터 다른 그림 찾기 ················· **158**

- **인도가 영국에 저항하기 시작했어요** ········ **162**
  - 인도 면화가 영국 공장으로 갔어요
  - 세포이들은 왜 분노하게 되었을까요?
  - 세포이 항쟁이 전 인도로 퍼졌어요
  - 인도 제국이 생겼어요

- **인도 국민 회의의 저항과 노력** ················ **168**
  - 인도 국민 회의가 만들어졌어요
  - 벵골 분할령을 취소시킨 인도 국민 회의

세계사 속 한국사 ································· **172**
조선 군인들의 저항

- **동남아시아 나라들이 유럽에 맞서 싸웠어요** ········ **174**
  - 베트남이 프랑스에 저항했어요
  - 필리핀 독립을 위해 일생을 바친 호세 리살
  - 동남아시아의 유일한 독립국, 타이
  - 인도네시아 국민들의 끈질긴 저항

세계사 놀이터 나의 마음 표현하기 ············ **182**

세계사 놀이터 정답 ····························· **184**

〈부록〉 세계사 연표

유럽은 17세기부터 커다란 변화를 겪었어요. 왕이 중심이 된 통치에서 의회 중심으로 바뀌고 기계를 이용하면서 산업 혁명이 일어났지요.
한편, 19세기에 이르러서는 자유와 평등 정신이 유럽 전역으로 퍼져 나가면서 국민이 중심이 된 혁명이 일어나기도 했지요.
지금부터 유럽에 어떠한 변화가 있었는지 함께 알아볼까요?

영국이 부강한 나라가 되었어요

제임스 2세를 몰아냈어요

영국은 13세기부터 귀족 대표들이 회의를 통해 나랏일을 하는 의회 정치가 발달해 있었어요. 그러나 영국의 왕 제임스 2세는 강력한 왕권을 주장하며, 법을 마음대로 바꾸고 세금도 많이 걷으려고 했어요. 의회는 이런 왕의 행동이 옳지 않다 여겼지만, 제임스 2세는 계속 의회를 무시하는 정책을 펼쳤어요. 그래서 의회가 제임스 2세를 몰아냈어요.

커다란 변화를 겪은 유럽

1688년, 의회는 제임스 2세의 딸인 메리와 그의 남편인 윌리엄 3세를 공동 왕으로 세웠어요. 의회는 왕에게 '의회에서 정한 법이 왕의 권력보다 앞선다.'라는 내용의 '권리 장전'에 서명하도록 하였어요. 새로운 왕은 기꺼이 그리하였답니다. 결과적으로 제임스 2세를 몰아내고 의회의 힘이 커지는 과정에서 폭력적인 일이 벌어지지 않았기 때문에 이를 '명예혁명'이라고 해요.

기계로 옷감을 만들기 시작했어요

영국 사람들은 면으로 만든 옷을 좋아했어요. 가볍고 빨래하기도 쉬웠기 때문이지요. 그런데 면을 만드는 과정은 무척 힘들었어요. 실을 뽑고 옷감을 만드는 데 많은 시간과 노력이 필요했지요. 사람들은 어떻게 해야 쉽고 빠르게 옷감을 많이 만들 수 있을지 고민했어요. 그래서 옷감을 만드는 기계가 발명되었답니다.

커다란 변화를 겪은 유럽

기계는 사람의 힘으로 움직였어요. 사람이 지치면 당연히 기계 속도도 늦어졌지요. 이때 제임스 와트가 기존의 '증기 기관'을 고쳤어요. 증기 기관은 물의 끓는 힘, 즉 증기의 힘으로 기계를 움직였지요. 덕분에 사람의 힘이 아닌 기계의 힘만으로 훨씬 많은 양의 옷감을 만들 수 있게 되었어요. 공장에서 짧은 시간 안에 많은 양의 물건을 만들 수 있게 된 거예요. 이렇게 공장에 기계 공업이 널리 퍼지면서 오늘날과 같은 산업 사회로 바뀌게 된 것을 '산업 혁명'이라고 해요.

기차가 많은 사람과 물건을 빠르게 옮겨 주었어요

기계로 만든 옷감은 시장에 내다 팔았어요. 공장 주인들은 좀 더 빨리, 먼 곳까지 옷감을 팔고 싶었어요. 그러기 위해서는 물건을 빠르고 안전하게 옮겨 줄 교통수단이 필요했지요.

그때, 스티븐슨이 증기 기관의 원리를 이용하여 '증기 기관차'를 만들었어요. 이로 인해 1825년, 영국에 처음으로 철도가 만들어졌고, 19세기 중반에는 1만 킬로미터에 달하는 철도가 깔리게 되었어요.

커다란 변화를 겪은 유럽

세계 곳곳에 증기 기관차뿐 아니라 증기 기관의 원리로 움직이는 배인 '증기선'도 만들어졌어요. 이러한 교통수단으로 인해 나라끼리 물건을 사고파는 데 걸리는 시간이 엄청나게 줄어들었어요. 그리고 '전신'과 '전화'가 발명되면서, 연락도 쉽고 빠르게 할 수 있게 되었어요.

★**전신** 문자나 숫자를 전기 신호로 바꾸어 전파나 전류로 보내는 통신이에요.

식민지가 많이 필요했어요

옷감 만드는 기계와, 증기 기관차가 다닐 철도를 만들기 위해서는 철이 많이 필요했어요. 철을 녹일 석탄도 많이 필요했지요. 영국은 철과 석탄 등의 천연 자원이 풍부했고, 교통과 기술이 발달했기 때문에 산업 혁명이 가장 먼저 일어날 수 있었어요.

커다란 변화를 겪은 유럽

영국은 산업이 발전하자 물건을 내다 팔 시장이 더 필요해졌어요. 게다가 영국에서 나는 철과 석탄도 부족하다고 느꼈지요. 그래서 영국은 다른 나라에서 여러 자원을 싸게 구하고 싶었어요. 그 결과 군대의 힘으로 다른 나라를 식민지로 만들어 나갔지요. 영국은 유럽의 여러 나라와 경쟁하면서 식민지를 넓혀 나갔고, 많은 이익을 챙기면서 부강한 나라로 성장했어요.

★**식민지** 정치, 경제적으로 다른 나라에 지배당하는 나라예요.

런던 만국 박람회가 열렸어요

1851년 영국 런던에서 세계 여러 나라의 진귀한 물건들을 전시하는 '런던 만국 박람회'가 열렸어요. 세계 여러 나라 사람들이 박람회를 보기 위해 런던으로 모여들었어요. 빅토리아 여왕은 부강해진 영국을 다른 나라 사람들에게 자랑하기 위해 '수정궁'이라는 건물을 지었어요. 길이가 약 600미터, 폭이 약 140미터나 되는 수정궁은 온통 유리와 철로 만들어졌는데, 축구장 열여덟 개 정도를 합쳐 놓은 넓이였답니다.

커다란 변화를 겪은 유럽

박람회에는 약 25개국이 참가하였고, 총 600만 명의 사람들이 다녀갔어요. 수정궁 안에는 증기 기관차, 증기선 모형 등 영국과 영국의 식민지에서 모아 온 진귀한 물건들로 가득했어요. 영국은 박람회를 통해 세계 산업의 중심지로서 높은 산업 수준을 보여 주었답니다.

우아! 증기 기관차와 증기선까지 없는 게 없구나!

세계사 속 한국사: 우리나라에 언제부터 기차가 달렸을까요?

고종이 다스리던 대한 제국 시절, 서울과 인천을 연결하는 철도(경인선)가 생기고 최초로 기차가 달리기 시작했어요. 기차를 처음 타 본 사람들은 흥분을 감추지 못했어요. 그 당시 신문에는 기차 소리가 천둥소리 같고 하늘과 땅이 움직일 것 같다고 쓰여 있어요. 새로운 것에 대한 놀라움의 표현이었지요.

곧이어 **서울과 의주(경의선), 서울과 부산(경부선)**을 연결하는 철도도 놓였어요. 우리나라의 **기차는 미국의 기술로, 철도는 일본의 기술로 만들어졌어요.** 일본은 이 철도를 통해 일본 물건을 조선으로 가져와 팔았고, 조선의 식량을 빼앗아 일본으로 가져갔어요. 일본은 조선을 식민지로 삼아 중국까지 진출하고 싶어 했지요. 이렇듯 우리나라는 철도에 관한 권리를 비롯해 전기 설치, 광산 채굴 등 많은 권리를 다른 나라에 빼앗기기도 했답니다.

자유와 평등을 이뤄 낸 프랑스 혁명

평민 대표들이 테니스 코트에서 자유를 외쳤어요

프랑스 혁명은 평민들이 불평등한 신분 제도에 불만을 가지면서 시작되었어요. 성직자와 귀족이 많은 토지를 갖고 있으면서도 세금 한 푼 내지 않고 권력을 독차지했어요. 평민은 그런 성직자와 귀족에게 불만이 많았어요. 평민은 세금을 많이 내도 아무런 힘이 없고 정치에도 참여하지 못했기 때문이에요.

커다란 변화를 겪은 유럽

테니스 코트

프랑스 왕실은 나라 형편이 어려워지자 부족한 돈을 채우기 위해 많은 세금이 필요했어요. 프랑스의 왕 루이 16세는 세금을 더 걷기 위해 삼부회를 열었어요. 하지만 성직자와 귀족은 세금을 내려 하지 않았어요. 평민 대표들은 자신들만 세금을 내는 게 불평등하다며 불만을 나타냈지만, 루이 16세는 오히려 그들을 내쫓아 버렸어요. 그러자 베르사유 궁전의 테니스 코트에 모인 평민 대표들이 '국민 의회'를 만들고, 공평한 법이 필요하다며 목소리를 높였어요.

★**삼부회** 성직자, 귀족, 평민 대표들이 모여 나랏일을 의논하는 회의예요.

화난 사람들이 바스티유 감옥을 공격했어요

루이 16세는 국민 의회의 주장을 받아들일 수 없었어요. 그래서 군대를 보내 국민 의회를 흩어지게 하려고 했답니다. 이를 알게 된 파리 사람들은 화가 나 바스티유 감옥으로 몰려들었어요. 그곳에는 왕이 멋대로 권력을 휘두르는 데 반대하는 사람들이 많이 갇혀 있었어요. 사람들은 바스티유 감옥을 부수고 죄수들을 풀어 주었어요.

커다란 변화를 겪은 유럽

루이 16세는 깜짝 놀랐어요. 바스티유 감옥을 공격하는 것은 왕을 공격하는 것과 같다고 생각했거든요. 이 소식이 전국으로 퍼지자 곳곳에서 귀족들을 습격하는 사건이 일어났어요. 이에 힘을 얻은 국민 의회가 인간은 태어날 때부터 자유롭고 평등한 권리를 가지고 있으며, 나라의 모든 권리는 국민에게 있다는 '인권 선언'을 발표했어요. 그러면서 왕과 귀족이 누리던 특권을 모두 없애야 한다고 주장했어요.

라 마르세예즈를 부르며 용감히 싸웠어요

누구나 자유롭고 평등하다는 '인권 선언'은 다른 나라 왕과 귀족을 놀라게 만들었어요. 자기 나라 평민들이 그 선언을 배울까 걱정이었죠. 그래서 오스트리아와 프로이센을 중심으로 한 연합군이 프랑스로 쳐들어왔답니다. 프랑스 사람들은 스스로 군대를 만들어 힘을 합쳐 싸웠어요. 그중 마르세유 지방에서 온 군인들은 '라 마르세예즈(마르세유의 노래)'를 부르며 용감히 싸웠어요. 이 노래가 점점 퍼져 프랑스 군인 모두가 함께 부르게 되었고, 지금의 프랑스 국가가 되었답니다.

많은 사람의 목숨을 빼앗은 단두대

힘을 잃은 루이 16세는 다른 나라로 도망을 가려다 붙잡혔어요. 로베스피에르라는 사람이 '왕이 없는 정치가 자유와 평등이 보장된 정치'라고 주장하며, 1793년 1월에 루이 16세를 처형했어요. 그는 혁명 정신을 어기는 사람은 누구라도 단두대에서 처형했어요. 로베스피에르의 공포 정치에 사람들은 불만이 커졌어요. 그를 따르던 사람들도 점점 사라져 갔지요. 결국 반란이 일어났고 로베스피에르조차 단두대에서 목숨을 잃고 말았답니다.

★**단두대** 머리를 자르는 사형 도구예요. 프랑스 혁명 때 빠르게 처형하기 위해서 만들어졌어요.

프랑스의 영웅, 나폴레옹 등장

나폴레옹이 황제가 되었어요

프랑스 사람들은 로베스피에르 같은 공포 정치를 하는 지도자가 두려웠어요. 그래서 한 명이 아닌 여러 명에게 정치를 맡겨야 한다고 생각했어요. 하지만 새롭게 등장한 정부는 너무 무능했어요. 게다가 프랑스 혁명에 반대하는 주변 나라와의 전쟁도 계속되었지요. 그때 나타난 사람이 바로 나폴레옹이에요.

커다란 변화를 겪은 유럽

능력 있는 내가 당연히 황제가 되어야지!

나폴레옹은 뛰어난 전술로 군대를 이끌어 주변 나라들과 싸워 이겼어요. 나라 안의 혼란도 해결하였지요. 사람들은 그의 능력에 열광했어요. 이에 베토벤이 나폴레옹을 위해 교향곡 '영웅'을 작곡했답니다. 하지만 나폴레옹은 정부를 무너뜨리고 1804년에 스스로 황제가 되었어요. 이는 '나라의 모든 권리가 국민에게 있다.'라는 프랑스 혁명 정신을 완전히 어기는 일이었지요. 베토벤은 나폴레옹에게 실망하여 교향곡 악보의 첫 장을 찢어 버렸답니다.

★**교향곡** 여러 악기들이 함께 연주하도록 만든 곡이에요.

나폴레옹도 권력 앞에서 별수 없잖아!

나폴레옹이 전쟁에서 지고 또 졌어요

황제가 된 나폴레옹이 주변 나라들을 차례로 정복해 나갔어요. 하지만 영국과의 전쟁에서 지고 말았지요. 화가 난 나폴레옹이 영국과 유럽 대륙 간의 교류를 금지했어요. 하지만 러시아가 이를 어기고 영국과 교류를 했어요. 1812년, 나폴레옹이 러시아를 정복하기 위해 군대를 이끌고 떠났어요. 러시아의 수도 모스크바까지 씩씩하게 나아갔지만 도시는 텅 비어 있었어요. 심지어 러시아 군이 도시 전체에 불을 지르고 후퇴하는 방법을 쓰는 바람에 프랑스 군은 식량을 구할 수 없었어요.

커다란 변화를 겪은 유럽

겨울이라 너무 추운데다 식량까지 떨어지자 나폴레옹이 후퇴를 명령했어요. 하지만 군인들은 추위와 배고픔에 지쳐 병에 걸리거나 죽고 말았답니다. 이때를 기회라 여긴 주변 나라들이 일제히 프랑스를 공격했어요. 전투에서 진 나폴레옹은 엘바 섬으로 보내졌어요. 10개월 후, 섬을 탈출한 나폴레옹은 다시 권력을 잡고 영국, 프로이센 연합군과 전투를 벌였지만 또다시 지고 말았답니다. 유럽 연합군은 그가 다시 탈출하지 못하도록 머나먼 섬으로 보내 버렸어요. 나폴레옹은 그곳에서 쓸쓸한 죽음을 맞이했답니다.

혁명 100주년을 기념해 에펠 탑을 세웠어요

자유와 평등을 내세운 프랑스 혁명 100주년을 기념하기 위해 파리에서도 '만국 박람회'가 열렸어요. 그때 구스타브 에펠이라는 사람이 철로 높이 300미터에 달하는 거대한 탑인 '에펠 탑'을 세웠어요. 에펠 탑이 만들어진 당시에는 파리와 어울리지 않는 철골 덩어리라며 비판을 받기도 했지만, 지금은 프랑스를 대표하는 상징이 되었답니다.

우리나라 국가는 언제 생겨났을까요?

우리나라의 국가는 '애국가'라고 부른답니다. **애국가**(愛사랑 애, 國나라 국, 歌노래 가)는 무슨 뜻일까요? 나라를 사랑하는 노래라는 뜻이지요. 그렇다면 애국가는 언제부터 불렸을까요? 우리나라는 일본의 식민지였던 때부터 부르던 노래가 있었어요. **독립을 바라는 마음을 담아 부르던 노래**였지요. 그 당시에는 다른 나라 노래에 가사만 새로 넣어서 불렀어요. 그러다 그 가사에 1930년대 후반, 곡을 붙여 대한민국 정부수립(1948년 8월 15일)과 함께 국가로 정해져 지금의 애국가가 되었답니다.

어디선가 노랫소리가 들렸는데!

자유와 통일 운동이 널리 퍼졌어요

프랑스 혁명을 없던 일로 하려고 했어요

나폴레옹이 먼 섬으로 쫓겨난 후 유럽은 어떻게 변했을까요? 오스트리아의 재상 메테르니히는 유럽을 프랑스 혁명 이전의 모습으로 되돌리고 싶었어요. 자유와 평등을 위해 목숨을 바친 사람들의 노력을 없던 일로 하려던 것이죠. 1814년, 오스트리아 빈에서 같은 생각을 가진 영국, 러시아, 프로이센 등이 힘을 합치기로 했어요. 이를 통해 생겨난 유럽의 국제 질서를 '빈 체제'라고 부른답니다.

커다란 변화를 겪은 유럽

하지만 빈 체제는 오래 가지 않아 흔들리기 시작했어요. 1830년 7월, 의회를 없애려는 프랑스의 왕 샤를 10세에 반대하는 '7월 혁명'이 프랑스에서 일어났기 때문이에요. 이때 프랑스 국기가 왕가의 상징인 백합 무늬에서 혁명 때 사용했던 '삼색기'로 바뀌게 되었어요. 삼색기는 자유와 평등, 우애를 상징해요. 이 혁명의 영향으로 네덜란드에 속해 있던 벨기에에서도 독립 운동이 일어났어요.

자유와 평등이 무너뜨린 빈 체제

프랑스 사람들이 샤를 10세를 몰아내고 루이 필리프를 '시민의 왕'으로 세웠어요. 하지만 루이 필리프는 부자에게만 정치 참여의 기회와 선거권을 주었어요. 그 당시 파리에는 산업 혁명이 일어나 노동자가 많이 살고 있었어요. 하지만 부자와 차별을 받았지요. 불만을 품은 노동자들이 선거권을 달라고 강하게 요구하며 1848년에 '2월 혁명'을 일으켰어요.

커다란 변화를 겪은 유럽

2월 혁명이 독일, 오스트리아, 헝가리, 이탈리아 등 유럽 각 지역으로 퍼지면서 자유와 평등을 위한 운동이 거세게 일어났어요. 이렇게 유럽에 퍼진 자유와 평등을 위한 움직임은 오스트리아의 재상 메테르니히를 쫓아내고 빈 체제를 무너뜨렸답니다.

독일과 이탈리아가 통일했어요

프랑스 혁명 정신인 자유와 평등은 점차 유럽 전 지역에 퍼졌어요. 특히, 여러 개의 나라로 나뉘어 있던 독일과 이탈리아에 큰 영향을 주었지요. 빈체제 이후 39개의 나라로 이루어졌던 독일 연방 중에 프로이센이라는 나라가 있었어요. 프로이센의 재상 비스마르크는 독일을 통일하기 위해 군대를 강하게 만들어 주변의 작은 나라들을 합쳐 나갔어요.

커다란 변화를 겪은 유럽

비스마르크는 통일에 반대하는 오스트리아, 프랑스와의 전쟁에서도 승리하여 독일 통일을 이루었어요. 그리고 1871년, 프로이센의 국왕이던 빌헬름 1세가 '독일 제국'의 황제가 되었답니다.
한편, 이탈리아도 여러 나라로 나뉘어 있었는데, 사르데냐 왕국의 재상 카보우르가 통일 운동을 이끌었어요. 이후 가리발디 장군이 주변의 작은 나라들을 정복하여 사르데냐 왕에게 바쳤어요.
그 결과 1870년, 이탈리아는 통일을 이루었답니다.

노동자들이 투표할 수 있게 되었어요

영국은 명예혁명 이후 왕이 나라를 마음대로 다스릴 수 없었어요. 나랏일을 의회와 함께 고민해야 했죠. 의회는 영국 사람들이 뽑은 대표들이 참여했어요. 하지만 대표를 뽑을 권리가 모든 사람에게 평등하게 주어지지 않았어요. 귀족이나 많은 땅을 가진 지주, 부유한 상인에게만 투표할 권리가 주어졌지요.

커다란 변화를 겪은 유럽

공장에서 일하는 노동자들은 이해할 수 없었어요. '우리도 영국 사람이다. 그러니 대표를 뽑을 권리가 있다.'라고 생각했어요. 결국 노동자들이 선거권을 요구하는 '차티스트 운동'을 일으켰어요. 수많은 사람이 이 운동에 참여했지만, 영국 정부의 탄압으로 실패하고 말지요. 하지만 노동자들의 끊임없는 요구에 의회가 새로운 법을 만들면서 노동자도 투표할 수 있게 되었답니다.

러시아에서 농노가 자유를 얻었어요

영국과 프랑스가 혁명을 통해 자유를 얻고, 독일과 이탈리아가 통일 국가를 이루었을 때, 러시아는 어떠한 상황이었을까요? 러시아는 다른 유럽 나라들에 비해 발전이 느렸어요. 강력한 왕권을 주장하던 표트르 대제 이후 제대로 발전하지 못했지요. 다른 나라에서는 오래 전에 해방된 농노가 러시아에는 그때까지 남아 있었지요. 농노란 자유롭지 못한 농민을 말해요. 태어난 곳을 평생 벗어나지 못한 채 일만 해야 했지요.

커다란 변화를 겪은 유럽

이런 상황에서 러시아는 남쪽으로 땅을 넓히기 위해 오스만 제국과 전쟁을 했어요. 하지만 전쟁에서 지고 말았죠. 러시아를 경계하던 영국과 프랑스가 오스만 제국 편을 들어 주었기 때문이에요. 증기선을 타고 우수한 무기를 지닌 영국과 프랑스는 러시아가 이기기 힘든 상대였지요. 러시아의 황제인 알렉산드르 2세는 러시아도 다른 나라처럼 산업이 발달해야 한다고 생각했어요. 그러나 국민 대부분이 농노여서 공장에서 일할 노동자를 구하기가 힘들었어요. 그래서 알렉산드르 2세는 1861년, 농노를 자유롭게 하라는 명령을 내렸답니다.

과학의 발달로 새로운 것이 많이 생겼어요

노벨상이 생겼어요

노벨은 1833년 스웨덴에서 태어나 세계 각지를 돌아다니며 일하던 화학자이자 발명가예요. 어느 날, 노벨이 아버지의 일을 돕다가 고체로 된 화약을 발명했어요. 그것이 바로 '다이너마이트'예요. 고체인 다이너마이트는 이전의 액체 화약에 비해 안전하게 보관하고 사용할 수 있어서 철도 건설, 광산 개발 현장에 많이 사용되었답니다. 그로 인해 노벨은 큰 부자가 되었어요.

커다란 변화를 겪은 유럽

다이너마이트는 산업 발전에 큰 도움을 주었지만, 전쟁에 사용되면서 많은 사람의 생명을 빼앗는 무기가 되었어요. 평화로운 세상이 되기를 바랐던 노벨은 자신의 발명품이 그렇게 사용되기를 원하지 않았을 거예요. 그래서였을까요? 노벨은 죽기 전에 인류를 위해 큰일을 한 사람들에게 해마다 상을 주라고 말했어요. 그래서 1901년부터 현재까지 해마다 물리학, 화학, 문학, 평화 등에 큰 도움을 준 사람들에게 상을 주고 있답니다. 그것이 바로 '노벨상'이에요.

뼈 사진을 찍을 수 있어요

처음으로 노벨 물리학상을 받은 사람은 네덜란드 과학자 '뢴트겐'이에요. 그는 1895년 실험을 하던 중, 물체를 통과하는 어떤 빛을 발견했어요. 그래서 아내의 손을 찍어 보니 손 안의 뼈 모양이 그대로 보이는 거예요. 사람 몸 안을 들여다볼 수 있게 된 것이지요. 뢴트겐은 그 빛에 'X선'이라는 이름을 붙이고 실험을 계속해 나갔어요.

어머! 반지 낀 내 손가락뼈가 보여요!

최초의 X선 사진
뢴트겐이 1895년에 X선으로 찍은 사진이에요.

저게 바로 X선이라는 것이오.

커다란 변화를 겪은 유럽

확신을 갖게 된 뢴트겐이 세상에 X선의 존재를 알렸어요. 그 덕분에 의사들은 환자의 상태를 좀 더 정확하게 알게 되었답니다. 그러던 중, 어느 사업가가 뢴트겐에게 특허를 내자고 제안하였어요. 특허란 발명한 사람에게 특별한 권리를 주는 것을 뜻해요. 그렇게 되면 큰돈을 벌 수 있었지요. 하지만 뢴트겐은 거절했답니다. 그는 X선으로 돈을 벌기보다는 사람들을 위해 널리 쓰이길 바랐어요.

밤이 낮처럼 밝아졌어요

산업 혁명 이후 공장에서는 많은 물건을 만들어 냈어요. 하지만 해가 지면 공장이 너무 어두워서 더 이상 일을 할 수 없었지요. 1879년, 미국의 발명가 에디슨이 전구를 만들었어요. 전기를 전구에 모아 빛을 내는 기술이 개발된 것이지요. 전구가 발명되자 밤도 낮처럼 밝아졌어요. 가스등이 있던 거리에도 전구가 설치되면서 더욱 밝아졌지요.

세계사 속 한국사

우리나라에는 언제 전기가 들어왔을까요?

미국에서 전깃불을 처음 본 조선 사절단이 고종에게 전기를 들여오자고 말했어요. 그래서 **1886년 에디슨 전등 회사와 계약**을 했지요. 곧 미국에서 온 기술자가 경복궁 안 연못가에 전기를 만들어 내는 발전기를 설치했어요. **1887년 3월 초, 드디어 700개가 넘는 전구에서 빛이 나와 주변을 환하게 밝혔지요.** 물을 끌어올려 전기를 만들어 '물불'이라고도 불렀는데, 그 밝고 신비로운 빛에 놀란 사람들은 '도깨비불'로 생각하기도 했어요.
궁 안 사람들은 밤이 되면 전깃불을 구경하기 위해 하나둘 모여들었답니다.

도깨비불이 한두 개가 아니잖아!

꺅

도… 도깨비다!

벌벌

카메라의 발명과 그림의 변화

1839년에 카메라가 발명되었어요. 과학 기술로 만든 카메라는 미술 분야에도 큰 영향을 주었지요. 카메라로 자연과 사람을 있는 그대로 찍을 수 있으니 사람들은 더 이상 그림으로 초상화를 남길 필요가 없었어요. 어떤 화가는 카메라의 발명으로 그림이 없어질지도 모른다며 슬퍼했어요.

커다란 변화를 겪은 유럽

하지만 모네, 드가, 고흐 같은 화가들은 그림을 실물과 똑같이 그리려고 애쓰지 않았어요. 오랫동안 대상을 관찰하면서 보고 느낀 대로 자유롭게 그렸지요. 이러한 화가들을 '인상파 화가'라고 해요.
모네의 그림 〈인상, 해돋이〉를 보면 바다, 해, 배가 실제 모습과 똑같지 않아요. 다만 '해가 뜨는구나.'라고 느낄 수 있어요.

모네 〈인상, 해돋이〉

커다란 변화를 가져온 계몽사상

프랑스 혁명 때 발표된 '인권 선언'을 기억하나요? 인간은 태어날 때부터 자유롭고 평등할 권리를 가지고 있다는 내용이에요. 그러한 생각을 널리 퍼뜨릴 수 있었던 것은 수많은 학자들의 숨은 노력이 있었기 때문이에요. 영국의 사상가인 로크는 "사회는 자유롭고 평등한 사람들이 서로 의견을 모아 만드는 것이다. 그렇기 때문에 사람의 권리를 지켜 주지 못하는 사회는 바꿀 수 있다."라고 주장했지요.

프랑스의 사상가인 몽테스키외는 "인간이 사는 사회는 법으로 다스려져야 한다."라고 했어요. 왕이 법을 무시하고 자기 마음대로 하면 안 된다는 의미지요. 이처럼 옳게 판단할 줄 아는 인간의 능력인 '이성'으로 사회를 바꿀 수 있다는 것이 바로 '계몽사상'이에요. 17세기에 등장한 계몽사상은 18세기 미국과 프랑스 혁명에 큰 영향을 주었답니다.

세계사 놀이터

나폴레옹은 뛰어난 전술로 군대를 이끌어 많은 전투에서 승리했어요. 나폴레옹 군대의 전투 장면 속에서 숨은 그림을 다섯 개 찾아보세요.
(숨은 그림 : 다리미, 컵, 야구공, 구두, 골프채)

17세기 이후 많은 영국인이 신앙의 자유와 가난에서 벗어나기 위해 북아메리카에 오면서 13개의 식민지가 만들어졌어요. **영국은 점차 식민지에 많은 세금을 요구하며 간섭하기 시작했고 식민지 사람들은 강하게 저항**했지요.
한편 **라틴 아메리카도 유럽의 식민지 지배에서 벗어나기 위해 노력**했어요.
아메리카 대륙의 식민지들이 어떻게 저항하고 발전하였는지 함께 알아보아요.

미국이 태어났어요

북아메리카에 13개의 식민지가 만들어졌어요

1620년, 영국의 청교도들은 신앙의 자유를 찾아 아메리카 대륙으로 가는 배에 올라탔어요. 그들은 두 달이 넘는 항해 끝에 북아메리카 동쪽에 도착했답니다. 하지만 낯선 땅에서 어떻게 먹고 살아야 할지 막막하기만 했어요. 다행히 오래전부터 북아메리카에 살고 있던 아메리카 원주민들이 옥수수, 콩 같은 곡물을 재배할 수 있게 도와주었어요.

북아메리카 13개 식민지

아메리카 대륙의 독립과 변화

청교도들은 물론이고 가난한 영국인들도 자유와 새로운 기회를 찾아 아메리카로 왔답니다. 점차 그들이 세운 마을도 늘어났어요. 그 당시 북아메리카로 온 사람들은 스스로를 영국인이라 생각했기 때문에 영국은 자연스럽게 아메리카 대륙에 식민지를 갖게 된 셈이었어요. 18세기 초까지 북아메리카에 13개의 영국 식민지가 만들어졌지요. 하지만 영국은 북아메리카에 있는 식민지에 크게 간섭하지 않았어요. 그래서 그들 스스로 법을 만들고 대표를 뽑을 수 있었답니다.

영국이 세금을 많이 내라고 했어요

아메리카 대륙에는 영국의 식민지뿐 아니라 프랑스의 식민지도 있었어요. 영국과 프랑스는 아메리카 대륙을 차지하기 위해 전쟁을 벌였지요. 영국이 전쟁에서 이기기는 했지만 돈을 너무 많이 써 버렸어요. 영국은 전쟁 비용을 메우기 위해 식민지에 많은 세금을 내라고 했답니다. 그 말을 들은 식민지 사람들이 영국에 불만을 가졌어요.

식민지 사람들은 "식민지 대표가 참석하지 않은 영국 의회에서 일방적으로 결정된 세금을 낼 수 없다."라며 강하게 저항했어요. 영국은 식민지의 저항에 놀랐지만 곧 새로운 법을 만들어 세금을 걷으려고 했답니다. 종이, 유리, 페인트, 차 등에 세금을 많이 매기는 법이었지요. 식민지 사람들은 화가 나서 영국 물건을 아예 사지 않기로 결심했어요.

영국에서 온 차를 바다에 던져 버렸어요

영국은 식민지 사람들의 반대로 세금을 거둘 수 없었어요. 하지만 이대로 멈출 수 없었지요. 영국 정부는 식민지에서 차를 파는 권리를 오직 동인도 회사에게만 주는 법을 만들었어요. 그러자 식민지에서 차를 팔며 돈을 벌던 상인들이 반대했어요. 더 이상 장사를 할 수 없게 되었기 때문이에요. 하지만 동인도 회사가 이를 무시하고 차를 가득 실은 배를 보스턴 항구로 보냈답니다.

★동인도 회사 17세기 초 영국, 네덜란드, 프랑스 등이 아시아와 아프리카에 대한 무역을 독차지하기 위해 만든 회사예요.

아메리카 대륙의 독립과 변화

1773년 12월, 식민지 사람들이 인디언 복장을 하고 동인도 회사의 배에 몰래 들어가서 차가 담긴 상자를 바다에 던져 버렸어요. 이 사건을 '보스턴 차 사건'이라고 해요. 이 사건으로 엄청난 손해를 보게 된 영국이 식민지에 더 많은 간섭을 하였어요. 식민지 사람들은 영국의 간섭에서 벗어날 방법에 대해 진지하게 고민하게 되었답니다.

영국으로부터 독립을 했어요

1776년 7월 4일, 북아메리카의 13개 식민지 대표들이 모여 '독립 선언문'을 발표하면서 영국으로부터 독립을 선언했어요. '인간은 모두 자유롭고 평등하며 행복할 권리가 있다.'라는 내용이었지요. 그리고 "정부가 이 권리를 지키지 못할 경우, 국민은 새로운 정부를 세울 권리가 있다."라고 주장했어요. 또한 영국이 저지른 옳지 못한 일들도 자세히 기록했답니다. 식민지와 영국의 갈등은 점점 깊어져 '독립 전쟁'이 벌어졌어요.

아메리카 대륙의 독립과 변화

13개 식민지 대표들은 독립 전쟁을 이끌 총사령관으로 '조지 워싱턴'을 뽑았어요. 전쟁 초반에는 식민지군이 영국군에 비해 전쟁 경험도 부족하고 군사 수도 적어서 불리했어요. 하지만 먼 곳에서 치르는 전쟁으로 영국군은 점점 지쳐갔어요. 게다가 영국과 사이가 좋지 않던 에스파냐와 프랑스 등 여러 유럽 국가가 식민지 편을 들어 주었답니다. 영국은 1783년, 파리 조약을 맺고 13개 식민지의 독립을 인정하였답니다.

세계 최초의 민주주의 공화국이 세워졌어요

독립 국가가 된 13개 식민지는 '13개 주'가 되었고 모든 주에 똑같이 적용되는 헌법을 만들었어요. 이 헌법은 '나라의 권리는 모두 국민에게 있다.'라는 민주주의 원칙을 담고 있어요. 그 후, 13개 주를 하나로 묶어 줄 나라가 세워졌어요. 그게 바로 1789년에 탄생한 세계 최초의 민주주의 공화국인 '아메리카 합중국', 미국이에요. 미국의 첫 대통령은 독립 전쟁에서 총사령관으로 활약했던 조지 워싱턴이 되었어요.

우리나라가 독립 선언을 했어요

우리나라에서도 1919년에 독립 선언이 발표되었어요. 일본에 나라를 빼앗긴 지 10년이 되던 **1919년 3월 1일, 독립운동을 이끌던 민족대표 33인**이 '**독립 선언문**'을 발표했어요. 그리고 '대한 독립 만세'를 외쳤지요. 독립을 바라던 수많은 사람이 참여하면서 만세 운동이 전국 곳곳으로 퍼져 나갔어요. 이렇게 **3월 1일은 독립 선언을 발표하며 우리의 독립 의지를 세계에 알린 날**로서, 지금까지 기념하고 있답니다.

> 우리는 조선이 독립한 나라임과 조선 사람이 자주적인 민족임을 선언한다!

미국에 남북 전쟁이 일어났어요

북부에는 공장이, 남부에는 농장이 있었어요

미국은 아프리카에 살던 흑인들을 노예로 데려와 힘든 농사와 집안일을 시켰어요. 하지만 노예 제도에 반대하는 사람이 늘어나면서, 노예 제도를 각 주에서 선택하도록 하는 법이 만들어졌어요. 미국 북부는 철과 석탄 등 지하자원이 풍부했기 때문에 공장이 많았어요. 공장에서는 흑인이든 백인이든 노예가 아닌 기술자만 필요했어요. 그래서 북부는 노예 제도에 반대했답니다.

아메리카 대륙의 독립과 변화

한편 남부는 노예 노동을 이용해 면화와 사탕수수 등을 재배하는 대농장이 발달했기 때문에 노예 제도를 찬성했어요. 이렇게 북부와 남부의 의견이 맞서고 있을 때, 링컨이 대통령에 당선되었어요. 링컨은 평소 노예 제도에 반대했기 때문에 남부의 7개 주가 미국에서 분리 독립하겠다고 선언했어요. 스스로 미국에서 탈퇴한 것이지요. 그러나 링컨은 남부의 탈퇴를 인정하지 않았고, 1861년, '남북 전쟁'이 일어나게 되었답니다.

노예를 자유롭게 한 링컨 대통령

남북 전쟁이 계속되던 1863년, 링컨 대통령이 '노예 해방 선언'을 발표하여 미국에 있는 모든 노예를 해방시켜 주었어요. 해방된 노예들은 당연히 북부군에 참여해 싸웠답니다. 이때 남북 전쟁 중 가장 치열했던 게티즈버그 전투가 벌어져 수많은 사람들이 희생되었어요. 링컨 대통령은 게티즈버그에 국립묘지를 만들고 희생자들을 추모하는 연설을 했어요.

★**추모** 죽은 사람을 그리워하며 생각한다는 의미예요.

아메리카 대륙의 독립과 변화

링컨 대통령은 "희생자가 다하지 못한 일을 살아 있는 사람들이 끝까지 해내야 합니다. 그래야 희생자들의 꿈이 헛되지 않을 것이며 국민의, 국민에 의한, 국민을 위한 정부가 계속될 수 있습니다."라고 했지요. 링컨 대통령의 연설에 힘을 얻은 북부군은 연이은 전투에서 승리했고, 남부군의 항복을 받아 냈답니다. 미국은 오랜 전쟁으로 많은 피해를 입었지만, 다시 하나가 되었어요.

우리도 북부군이 되어 싸우겠어요!

자유를 위해 싸운 흑인 여성, 해리엇 터브먼

링컨 대통령의 노예 해방 선언으로 노예가 하루아침에 자유로워진 것은 아니에요. 흑인 스스로도 해방을 위해 많은 노력을 했지요. 그 중심에는 '해리엇 터브먼'이라는 용감한 여성이 있었답니다. 태어나면서부터 노예로 살아야 했던 그녀는 많은 식구와 한 칸짜리 오두막에서 살았어요. 그녀는 어려서부터 주방이나 농장에서 많은 일을 해야 했지만, 마음속에는 자유를 향한 강한 의지가 있었답니다.

해리엇 터브먼은 수많은 탈출 시도 끝에 남부 지역을 벗어났어요. 그녀는 자유로운 북부 도시로 가서 직업도 얻었답니다. 하지만 거기에 만족하지 않았어요. 남부 지역에서 고통받는 수많은 노예가 탈출할 수 있도록 앞장서서 도와주었어요. 그녀는 노예들을 안전하게 탈출시켜 '모세'라는 별명으로 불렸어요. 또한 남북 전쟁 당시 북부군을 도와 열심히 활동했어요. 남부의 농장 주인들은 해리엇 터브먼 때문에 골치가 아팠어요. 그녀를 잡기 위해 많은 현상금을 걸기도 했답니다.

미국이 점점 넓어졌어요

동부와 서부를 잇는 열차 길이 생겼어요

미국 땅은 점점 넓어졌어요. 프랑스로부터 땅을 사기도 하고 새롭게 개척하기도 했지요. 또한 유럽 각국에서 수많은 사람이 미국으로 건너왔어요. 그들은 자기 땅에서 농사를 짓고, 가축을 기를 꿈에 부풀어 있었답니다. 그러던 중 미국 서부에서 금이 발견되었어요. 그래서 수많은 사람들이 금을 찾아 서부로 갔어요.

아메리카 대륙의 독립과 변화

하지만 서부로 가는 길은 멀고도 험난했지요.
서부로 가다 병에 걸려 가족을 잃은 사람도 있고, 포기하고 되돌아가는
사람도 생겨났어요. 하지만 서부로 가는 기나긴 행렬은 멈추지 않았답니다.
이들을 따라 서부에 새로운 길과 도시들이 만들어졌어요. 이제 미국은
너무 넓어져 동부와 서부를 이어 주는 교통수단이 필요했어요. 그래서
동부와 서부를 잇는 '대륙 횡단 철도'가 만들어졌어요. 이제 미국은 넓은 땅과
엄청난 자원을 바탕으로 세계 최대의 공업 국가로 발전하게 되었답니다.

아메리카에는 아메리카 원주민이 살고 있었어요

미국 사람들이 서부로 왔을 때, 그곳에는 아메리카 원주민들이 자유롭게 살아가고 있었어요. 처음에 미국 사람들은 아메리카 원주민과 계약을 했어요. 아메리카 원주민들은 이 계약을 통해 미국 사람들과 땅을 나누어 쓴다고 생각했어요. 하지만 미국 사람들은 아메리카 원주민들이 일구어 놓은 땅을 빼앗았어요. 그리고 원주민 추방 법을 만들어 그들을 '원주민 보호 구역'으로 강제로 내쫓아 그곳에서만 살게 했지요.

아메리카 대륙의 독립과 변화

아메리카 원주민들은 자신들의 땅을 지키기 위해 저항했지만 강한 무기를 가진 미국 사람들에게 상대가 되지 않았어요. '붉은 구름', '앉아 있는 황소', '큰 발'이란 이름으로 불린 용맹한 추장들이 미국의 총 앞에 쓰러지고 말았어요. 이렇게 아메리카 원주민들이 자유롭게 살아가던 서부는 미국 사람들의 땅이 되어 갔답니다.

서부로 가는 길에 만들어진 청바지

땅과 금을 찾아 서부로 가는 길은 기나긴 마차 행렬이 이어졌어요. 그 마차들은 질기고 강한 천으로 덮여 있었어요. 리바이 스트라우스는 마차를 덮는 천을 파는 사람이었어요. 리바이는 어느 날 광부들이 바지가 금방 닳아서 불편해 하는 모습을 보았어요.

아메리카 대륙의 독립과 변화

그는 '질긴 마차 덮개 천으로 바지를 만들면 어떨까?' 하고 생각했어요. 리바이는 연구 끝에 튼튼하고 호주머니도 잘 뜯어지지 않는 바지를 만들었어요. 예상대로 바지는 광부들에게 큰 인기를 얻었지요. 이 옷이 바로 청바지예요. 이렇게 만들어진 청바지는 서부에서 소 떼를 모는 카우보이도 입고, 많은 노동자도 입었어요. 그 후, 일반 사람들도 즐겨 입으면서 전 세계적으로 사랑받는 옷이 되었답니다.

프랑스가 선물한 자유의 여신상

미국 뉴욕에 가면 '자유의 여신상'이 있어요. 자유의 여신상은 오른손에는 '세계를 비추는 자유의 빛'을 상징하는 횃불을, 왼손에는 '1776년 7월 4일'이라는 날짜가 새겨진 독립 선언서를 들고 있지요. 자유의 여신상은 미국의 독립 100주년을 기념하여 프랑스에서 선물했어요. 미국의 독립 정신과 자유, 평등의 프랑스 혁명 정신을 기념하는 의미가 있다고 해요.

우리나라에도 노예 제도가 있었나요?

우리나라에도 서양의 노예와 비슷한 '노비'가 있었어요. 그들은 주인의 명령에 복종하며 집안의 힘든 일을 도맡아 해야 했어요. 부모가 노비면 자식도 노비가 되었고, 심지어 주인에 의해 사고 팔리기도 했지요. 그래서 노비들은 자유를 위해 도망을 가기도 하고 사람들을 모아 반란을 일으키기도 했어요. 그렇다면 우리나라는 언제부터 노비들이 자유를 얻었을까요? 바로 1894년 갑오개혁 때였어요. 갑오개혁은 옛날 정치 제도와 문화를 근대식으로 고치는 개혁 운동이에요. 이를 통해 신분 제도가 없어졌고 노비가 자유를 얻게 되었어요.

유럽의 지배에서 벗어난 라틴 아메리카

다양한 혈통의 사람들이 살았어요

라틴 아메리카 원주민들은 오랜 시간 자신들의 문화를 발전시키며 살고 있었어요. 원주민들은 감자, 고구마, 옥수수 등을 재배하며, 금과 은, 구리와 주석 등 풍부한 지하자원을 이용해 세공품을 만들기도 했지요. 유럽 사람들의 눈에 라틴 아메리카는 몹시 탐나는 땅이었어요. 그중 에스파냐와 포르투갈이 가장 먼저 라틴 아메리카로 진출했어요. 원주민들은 강하게 저항했지만 총을 가진 그들을 이길 수 없었답니다.

★**세공품** 잔손을 많이 들여 정교하게 만든 물건이에요.

아메리카 대륙의 독립과 변화

에스파냐는 라틴 아메리카의 땅을 가장 많이 지배했어요. 그래서 현재까지 라틴 아메리카의 많은 나라가 에스파냐 어를 사용하고, 브라질만 포르투갈 어를 사용하고 있어요. 에스파냐와 포르투갈은 원주민과 아프리카에서 데려온 흑인을 노예로 삼아 대규모 농사를 지었고 지하자원도 마구 가져갔지요.

그 후, 라틴 아메리카 지역에는 유럽 사람, 크리오요, 흑인 등 다양한 사람들이 살게 되었어요. 하지만 유럽 사람들만 많은 땅을 차지해 부자가 되었고, 대다수의 사람들은 가난에 시달렸어요.

★**크리오요** 라틴 아메리카에서 에스파냐 인을 부모로 하여 태어난 백인을 가리켜요.

자유와 평등이 대서양을 건너갔어요

19세기를 전후로 '모든 사람은 자유롭고 평등하게 태어났다.'라는 미국의 독립과 프랑스 혁명 정신이 라틴 아메리카에 퍼져 나갔어요. 이러한 가운데 유럽이 나폴레옹 전쟁으로 인해 혼란스러워지자 식민지 지배를 받고 있던 라틴 아메리카에 독립의 움직임이 일어나기 시작했어요.

라틴 아메리카에서 가장 먼저 독립을 이룬 나라는 '아이티'예요.
에스파냐의 식민지였다가 프랑스의 식민지가 된 아이티는 흑인 노예들의
혁명으로 '아이티 공화국'을 세웠지요.
곧이어 에스파냐와 포르투갈의 지배 아래에 있던 다른 식민지에서도
독립의 움직임이 일어났어요.

크리오요들이 독립운동을 이끌었어요

라틴 아메리카에는 에스파냐 인이 최고 지배층이었고, 크리오요가 그다음을 차지하였으며, 메스티소는 중간 계급, 원주민과 흑인은 노예와 같은 대우를 받았어요. 크리오요는 아무리 노력해도 높은 관리가 될 수 없고 유럽 사람들과 차별을 받았기 때문에 불만이 많았어요. 그러던 중 나폴레옹이 에스파냐를 침략하여 왕실을 무너뜨리자 크리오요들이 에스파냐의 지배로부터 벗어나기 위해 독립운동을 시작했어요.

★**메스티소** 백인과 원주민 사이에서 태어난 혼혈을 말해요.

아메리카 대륙의 독립과 변화

지금의 베네수엘라, 콜롬비아, 에콰도르, 볼리비아 등에서도 독립운동이 일어났어요. 이 많은 나라의 독립에 앞장선 사람이 바로 크리오요였던 '볼리바르'랍니다. 수많은 전쟁 끝에 독립을 이루게 한 그는 '해방자'라고 불리며 존경을 받았어요. 특히 '볼리비아'라는 나라는 볼리바르의 이름을 따서 나라 이름을 새로 정했을 정도예요.

산 마르틴 광장이 여러 나라에 있는 이유

아르헨티나와 칠레, 페루에 가면 산 마르틴 광장이 있어요. '산 마르틴'은 에스파냐로부터 이들 나라의 독립을 이끈 사람이에요. 그는 아르헨티나에서 태어난 크리오요예요. 산 마르틴은 아르헨티나를 독립시킨 후, 안데스 산맥을 넘어 칠레와 페루의 독립까지 도왔답니다. 그래서 그곳에 산 마르틴을 기리는 광장이 만들어진 거예요.

위인들의 이름을 붙였어요!

우리 주변에는 대한민국을 위해 애쓴 위인의 이름을 붙인 거리가 많이 있어요. 자, 하나씩 살펴볼까요? 세종로라고 들어보았나요? 세종로는 한글을 만든 세종대왕의 이름을 붙인 거리예요. 조선의 훌륭한 유학자인 율곡 이이와 퇴계 이황의 이름을 붙인 율곡로와 퇴계로도 있어요. 임진왜란 때 일본의 침략을 막아 낸 충무공 이순신의 이름을 붙인 충무로도 있지요.

서울시 용산구에는 신라의 승려로 불교를 널리 알린 원효의 이름을 붙인 원효로가 있어요. 서울시 마포구에는 대한민국의 정치가이자 독립운동가였던 백범 김구 선생의 이름을 붙인 백범로도 있지요.

이처럼 누구나 갈 수 있는 거리에 위인들의 이름을 붙여 놓으니 그분들의 정신과 뜻을 잊지 않을 것 같아요.

내가 대한민국을 영원히 지켜주마!

영국은 청나라와 무역을 해서 돈을 많이 벌고 싶었어요. 하지만 생각처럼 돈이 벌리지 않자 아편을 몰래 팔았고 이로 인해 **아편 전쟁**이 벌어졌지요. 아편 전쟁은 청나라에 커다란 변화를 몰고 왔어요. 한편 **일본은 미국에게 항구를 열면서 서양의 기술과 제도를 빠르게 받아들였어요**. 이처럼 유럽과의 관계를 통해 동아시아 세계가 꿈틀거리기 시작했어요. 과연 어떤 변화가 있었는지 함께 알아볼까요?

꿈틀거리는 동아시아

청나라가 불평등 조약을 맺게 되었어요

청나라는 광저우에서만 무역을 허락했어요

18세기 후반 이후, 산업 혁명에 성공한 유럽은 청나라 무역에 관심이 많았어요. 하지만 청나라는 광저우라는 항구에서만 무역을 할 수 있도록 허락했어요. 심지어 '공행'을 통해서만 무역을 하게 했지요. 공행이란 광저우에서 외국과 무역할 수 있도록 청나라가 허락한 상인을 말해요. 이렇듯 청나라는 유럽 상인에게 까다로운 조건을 요구했고 세금도 많이 내게 했지요.

꿈틀거리는 동아시아

청나라와 가장 많이 무역을 했던 나라는 '영국'이었어요. 영국은 거대한 시장을 지닌 청나라와 좀 더 많은 무역을 하고 싶었답니다. 영국은 청나라 황제에게 사신을 보내 무역을 더 늘리자고 제안했어요. 하지만 청나라 황제는 그 제안을 거절하였어요. 청나라는 공행을 통해 광저우에서만 무역을 해도 손해 볼 것이 없다고 생각했기 때문이에요.

★사신 왕이나 국가의 명령을 받고 외국에 가는 신하예요.

영국이 청나라에 아편을 팔았어요

청나라의 도자기와 차는 영국에서 인기가 많았어요. 청나라는 물건 값으로 영국에게 은을 받았어요. 덕분에 청나라는 많은 양의 은을 벌 수 있었답니다. 그런데 청나라 물건이 영국에서 무척 잘 팔리는데 비해, 영국의 면이나 모직물 등은 청나라에서 잘 팔리지 않았어요. 영국은 큰 손해를 보았지요. 심지어 청나라와 무역을 늘리는 데에도 실패하자, 다른 방법을 생각하게 되었어요.

꿈틀거리는 동아시아

야호! 가만히 있어도 돈이 불어나는구나!

영국은 손해를 줄이기 위해 마약의 한 종류인 '아편'을 청나라에 몰래 팔기 시작했어요. 아편을 많이 생산하기 위해 인도 농민들에게 강제로 재배시키기도 했지요. 그 사이 청나라 사람들이 아편에 점점 중독되어 갔고, 건강을 잃어 일도 하지 못했어요. 또 영국에서 아편을 사오느라 막대한 양의 은을 사용했지요. 그로 인해 영국은 그동안의 손해를 메우고도 남을 정도로 큰돈을 벌었답니다. 청나라는 커다란 위기를 겪게 되었어요.

청나라와 영국이 난징 조약을 맺었어요

청나라는 아편 때문에 은도 잃고 국민들의 건강도 잃었어요. 청나라 황제는 불법적인 아편 무역을 금지시키기 위해 임칙서라는 관리를 보냈지요. 임칙서는 영국 상인들로부터 아편을 빼앗아 태우거나 바다로 던져 버렸어요. 아편 무역을 하면 벌을 주겠다는 발표도 했지요. 영국이 이것을 이유로 1840년에 '아편 전쟁'을 일으켰답니다.

청나라는 신식 무기로 무장한 영국 군을 이길 수 없었어요. 그 결과 '난징 조약'이 맺어졌는데, 영국이 원하는 모든 것을 들어줘야 하는 불평등 조약이었어요. 당시 영국은 광저우뿐 아니라 여러 항구에서 무역을 하고 싶었어요. 청나라는 어쩔 수 없이 상하이를 포함해 다섯 개의 항구를 더 열었어요. 그리고 홍콩★도 빼앗기고 막대한 전쟁 배상금★까지 물어내야 했답니다.

★**홍콩** 중국 남쪽에 있는 섬이에요. 홍콩은 난징 조약 이후 155년이 지난 1997년에 돌려받았어요.
★**배상금** 남에게 입힌 손해에 대해 물어 주는 돈이에요.

청나라가 달라지려고 노력했어요

변발과 전족을 없애려고 했어요

청나라는 영국에 돈을 주느라 농민들에게도 세금을 많이 거뒀어요. 안 그래도 살기 힘들던 농민들은 화가 났어요. 이는 만주족이 세운 청나라에 대한 불만으로까지 이어졌어요. 이때 크리스트교의 영향을 받은 '홍수전'이라는 사람이 만주족을 몰아내고 원래의 중국 민족인 한족의 국가를 세우자며 '태평천국★ 운동'을 일으켰어요. 그는 남녀평등을 주장하고, 만주족이 강요했던 변발★을 더 이상 하지 말자고 했어요.

★**태평천국** 모두가 평등하고, 편안한 천국과도 같은 나라라는 뜻이에요.
★**변발** 만주족의 풍습으로 남자 머리를 뒷부분만 남기고 나머지 부분을 깎아 뒤로 길게 땋은 머리예요.

그리고 여자들을 힘들게 했던 전족도 없애자고 했어요. 전족은 발이 작아야 시집을 잘 간다는 풍습 때문에 만들어진 아주 작은 신발이에요.
홍수전은 변발과 전족을 없애는 것뿐 아니라, 농민들에게 땅을 골고루 나누어 주자고 했어요. 이에 많은 사람이 참여하여 세력이 커졌어요.
하지만 태평천국 운동은 실패하고 말았어요. 땅을 가진 사람들이 자신의 땅을 지키기 위해 군대를 모아 외국 군대와 힘을 합쳐 태평천국군을 공격하였기 때문이에요.

서양식 무기 공장과 학교를 만들었어요

청나라 관리들은 강력한 서양 무기에 의해 태평천국 운동이 실패하는 모습을 보았어요. 그래서 청나라도 서양의 기술을 배워 산업을 발전시키고, 나라를 강하게 만들어야 한다는 '양무운동'을 시작했어요. 이에 서양식 무기를 만드는 공장을 세워 대포와 화약 등을 만들었어요. 또한 외국인 선교사들이 가르치는 서양식 학교를 세우고, 많은 학생을 외국으로 유학 보내 발전한 서양 문물을 배워오게 했어요.

청나라에 간 조선의 유학생들

조선에도 다른 나라의 발전한 기술을 배워야 한다고 주장한 사람들이 있었어요. 그 사람들을 '개화파'라고 부른답니다. 개화파 중에는 청나라에 가서 무기 만드는 기술을 배워야 한다고 주장하는 사람들이 있었어요. 그래서 1881년, 관리와 유학생, 기술자 등으로 이루어진 사절단이 청나라로 향했어요. 사절단이 조선으로 돌아온 후인 1883년에는 기기창이라는 무기 공장이 세워졌고, 새로운 무기들이 만들어졌어요.

백성들이 서태후에게 등을 돌렸어요

청나라 관리들이 서양식 군대와 무기 기술을 배워 나라를 강하게 만들고자 했을 때, 청나라 황제는 나이가 어렸어요. 그래서 황제의 어머니인 '서태후'가 대신 나라를 다스렸지요. 서태후는 군대와 무기를 만들 돈으로 화려한 별장을 지었는데, 그 별장이 '이화원'이에요.
결국 청나라는 무기를 만들지 못하고 군대도 강하게 키우지 못했어요.

꿈틀거리는 동아시아

그뿐 아니라 서태후는 낭비가 무척 심했어요. 밥을 먹을 때 반찬만 100가지가 넘었어요. 하루에도 옷을 여러 번 갈아입었지요.
서태후는 어린 아들이 죽자, 이번엔 어린 조카를 황제로 만들어 자신의 권력을 계속 이어 갔어요. 백성들은 점점 서태후에게 등을 돌리기 시작했답니다.

개혁 운동이 100일 만에 끝났어요

관리들이 아무리 서양 기술을 배워야 한다 주장해도 정치에 관심 없는 서태후와 그의 신하들 때문에 청나라는 발전이 없었어요. 게다가 일본과의 전쟁에서 져서 막대한 돈을 물어내야 했을 뿐만 아니라, 유럽 국가들의 불평등 조약 강요도 끊임없었지요. 캉유웨이 등 몇몇 관리들은 이러한 상황을 이겨 내려면 법과 제도를 바꿔야 한다고 생각했어요. 그래서 새로운 학교와 군대 제도를 만들고 상공업을 발전시켜 경제를 키우려고 했지요. 이러한 움직임을 '변법자강 운동'이라고 불러요.

서태후는 이런 관리들이 눈엣가시였어요. 자신의 힘이 약해진다고 생각했기 때문이었죠. 서태후는 자기편에 있는 사람들과 군대를 불러 모았어요. 그리고 변법자강 운동을 일으킨 캉유웨이를 비롯한 관리들을 모두 쫓아냈지요. 그들이 개혁을 꿈꾸고 실천에 옮기려고 노력한 지, 딱 100일 만에 일어난 일이에요.

서양 세력과 의화단이 대결했어요

서양의 기술을 배우자는 양무운동과 법과 제도를 바꾸려 한 변법자강 운동이 모두 실패했어요. 이 무렵 서양 세력의 간섭이 심해지면서, 청나라를 도와 서양 세력을 물리치자는 '의화단 운동'이 시작되었어요. 그들은 서양과 관련된 것들을 부수었지요. 철도를 파괴하고 교회를 불태우며 크리스트교를 반대했답니다.

꿈틀거리는 동아시아

평소 서양 세력을 몰아내고 싶었던 서태후는 의화단 운동을 뒤에서 도와주었어요. 의화단은 선교사들과 외국 공사관까지 공격했어요. 영국, 미국, 프랑스 등 8개국은 의화단으로부터 자기 나라 국민을 보호하기 위해 청나라에 군대를 보냈어요. 의화단은 결국 서양 세력에 의해 진압되었어요. 또한 청나라는 서양 세력에게 엄청난 양의 돈을 물어내야 하는 불평등 조약을 맺게 되어 더욱 약해졌답니다.

일본이 항구를 열고 개혁을 이루었어요

검은 배를 타고 온 미국인들

청나라가 영국과 아편 전쟁을 벌일 당시, 일본은 무사들의 최고 우두머리인 쇼군이 나라를 다스리던 에도★ 막부 시대였어요. 일본은 정해진 항구에서 네덜란드 상인에게만 무역을 허락했어요. 그러던 1853년 어느 날, 항구 저 멀리에 어떤 배들이 떠 있는 게 보였어요. 마을 사람들은 배가 검게 보였기 때문에 검은 배라고 불렀어요.

★**에도** 일본 도쿄의 옛 이름이에요.

저 시커먼 배는 어디서 온 거지?

꿈틀거리는 동아시아

검은 배에는 미국인들이 타고 있었어요. 검은 배는 점점 항구로 다가왔어요. 미국인들이 쇼군에게 무역을 허락하지 않으면 대포를 쏘고 전쟁을 하겠다고 겁을 주었어요. 그 무렵, 아편 전쟁에서 청나라가 영국에게 졌다는 소식에 일본은 큰 충격을 받은 상태였어요. 쇼군은 미국과 싸울 자신이 없었어요. 결국 미국의 요구대로 무역을 허락하고, 불평등 조약을 맺었어요.

수상한 배가 다가오고 있다!

개혁을 통해 일본이 변하기 시작했어요

미국과 불평등 조약을 맺은 에도 막부에 반대하는 사람들이 생겨났어요.
그들은 쇼군에게 개혁을 하자고 했지만, 쇼군은 이를 받아들이지 않았어요.
그러자 개혁 세력이 일본의 천황과 함께 쇼군을 몰아냈어요.
1868년, 에도 막부가 무너지고 천황이 다스리는 정부가 들어섰어요.
이때 천황의 이름이 메이지였기 때문에 이 개혁을 '메이지 유신'이라 해요.

★**유신** 아주 새롭게 바꾼다는 뜻이에요.

꿈틀거리는 동아시아

메이지 정부가 세워지면서 의회가 만들어졌어요. 영국의 왕처럼 일본의 천황도 의회와 함께 정치를 하게 된 것이죠. 메이지 정부는 서양식 군대와 산업 기술 등의 서양 문화를 빠르게 받아들였어요. 그 결과 일본은 빠른 속도로 근대 국가의 모습을 갖추어 가면서 점차 강한 나라가 되었어요.

서양식 집과 옷을 만들었어요

메이지 유신 이후 일본은 많은 것이 바뀌었어요. 우선 서양식 학교가 세워지고 새로운 교육을 시작했어요. 해외로 유학을 보내 많은 걸 배우게 하기도 했지요. 길거리 모습도 많이 달라졌어요. 서양식 건물이 많아지고 가로등이 밤길을 밝혀 주었어요. 서양식 옷을 입고 전차를 타고 다녔지요. 이제 칼을 찬 무사의 모습은 보기 힘들어졌답니다.

꿈틀거리는 동아시아

먹을거리도 달라졌어요. 메이지 정부는 키와 몸집이 작은 일본인들에게 서양을 따라잡게 하기 위해 고기와 우유를 먹으라고 했어요. 돈가스도 이때 생겨난 음식이에요. 또한 사람들을 모아 군대를 만들고 공장에서 총과 대포 같은 새로운 무기를 만들었어요. 이렇듯 메이지 유신은 일본에 많은 변화를 가져왔어요.

일본이 조선에 무역을 하자고 했어요

천황 중심의 나라가 된 일본은 다른 나라처럼 무역을 자유롭게 하고 싶었어요. 일본이 처음으로 항구를 열라고 한 나라는 조선이에요. 검은 배를 타고 왔던 미국처럼, 일본도 조선의 강화도로 배를 타고 가서 무역을 강요했지요. 조선이 거부하자 강화도에서 조선과 일본이 충돌했어요. 그 결과 조선이 세 개의 항구를 열게 되었어요. 일본은 자신들이 미국에게 당했던 불평등 조약을 조선에게 똑같이 강요했어요.

조선 최초로 서양식 옷을 입은 사람은 누구일까요?

조선에도 서양 기술을 배워야 한다고 생각하는 **개화파**가 있었어요. 그들 중에는 **일본으로 공부를 하러 간 사람도 있었어요**. 서양식으로 변화한 일본에게 배울 것이 많다고 생각했기 때문이에요. 그들은 일본에서 서양식 옷을 입은 사람들을 보았어요. 호기심 때문이었을까요? 일부 개화파는 서양식 옷을 사 입고 조선으로 돌아왔답니다. 이후, **개화파들이 서양식 옷을 처음 입었다고 해서 '개화복'이라고도 불렸지요.**

오빤 개화복 스타일!

동아시아 세계가 유럽과의 관계로 많은 변화가 일어났어요. 어떤 일들이 있었는지 곰곰이 생각해 보며 다음 낱말 퍼즐을 풀어 보세요.

★ 가로 문제

❶ 청나라에 불법으로 아편이 퍼지자 청나라 정부는 아편 무역을 금지시키기 위해 ○○○라는 관리를 광저우로 보냈어요.
❷ ○○○○ 운동은 청나라 지배에 저항하고 크리스트교 정신을 본받아 평등하고 편안한 나라를 만들고자 했던 운동이에요.
❸ 서태후가 군대와 무기를 강하게 만들 돈으로 지은 화려한 별장 이름은 ○○○이에요.
❹ 청나라가 공행을 통해 외국과 무역할 수 있도록 유일하게 허락한 항구는 ○○○에 있었어요.
❺ 1868년, 일본은 막부 정부가 끝나고 천황이 다스리는 정부가 들어섰어요. 이 개혁을 ○○○ 유신이라고 해요.
❻ ○○은 중국 남쪽에 있는 섬으로 아편전쟁 이후 영국과의 난징 조약으로 인해 빼앗겼어요.
❼ ○○ 전쟁은 1840년 아편 문제를 둘러싸고 청나라와 영국 사이에 일어났어요.

★ 세로 문제

❶ ○○○는 아들과 조카를 황제로 세우고 그들 대신 나라를 다스리며 큰 권력을 누렸어요.
❷ 일본에서 왕을 가리켜 ○○이라고 해요.
❸ 청나라와 가장 많은 무역을 했던 나라는 ○○으로, 청나라와 아편 전쟁을 했어요.
❹ 태평천국 운동 실패에 자극을 받아 청나라도 서양의 기술을 배워 산업을 발전시켜야 한다는 의식이 생겨, 나라를 강하게 하기 위해 '○○운동'을 추진했어요.
❺ 서양 세력의 간섭이 심해지자, 청나라를 도와 서양 세력을 물리치자는 ○○○ 운동이 일어났어요.
❻ 일본의 메이지 정부가 일본인의 왜소한 체격에서 벗어나 서양을 따라잡게 하기 위해 ○○와 고기를 먹게 했어요.
❼ ○○○은 태평천국 운동을 일으킨 사람으로 남녀평등과 변발 및 전족 금지를 주장했어요.

18세기 이후 오스만 제국은 유럽 때문에 힘이 약해졌어요.

그러자 오스만 제국의 지배를 받던 서아시아 여러 나라들이 독립을 위해 움직였지요.

서아시아에는 어떤 변화가 일어났을까요?

한편 아프리카 대륙은 유럽의 침략으로 어려움을 겪었어요. 그 과정에서

아프리카 사람들은 자신들의 땅을 지키기 위해 강하게 저항했어요.

유럽의 식민지가 된 아프리카가 겪은 어려움에 대해 알아볼까요?

서아시아와 아프리카의 변화

오스만 제국이 약해지지 않으려고 노력했어요

서양 문화를 받아들이려 노력했어요

 서양의 음악과 건축을 사랑했던 셀림 3세는 술탄이 되자 서양식 개혁을 시작했어요. 그는 군사 조직을 서양식으로 바꾸고 무기도 새로 들여왔어요. 하지만 개혁을 못마땅하게 여긴 사람들이 끊임없이 반대했어요. 그 중심에 '예니체리'가 있었어요. 예니체리는 14세기에 만들어진 술탄의 부대로서 술탄의 명령에 절대 복종했지요. 하지만 셀림 3세가 군사 제도를 서양식으로 바꾸려고 하자 큰 불만을 갖게 되었어요. 결국 셀림 3세는 예니체리에 의해 술탄 자리에서 내려왔어요.

★**술탄** 이슬람 세계의 최고 지위에 있는 사람이에요. 오스만 제국의 황제를 가리키기도 해요.

124

모든 남자들이 같은 모자를 쓰도록 했어요

예니체리는 술탄을 자신들 마음대로 쫓아내는 등 막강한 힘을 지녔어요. 하지만 새롭게 술탄이 된 마흐무드 2세가 젊은 군인들의 도움으로 예니체리를 없애는 데 성공했어요. 마흐무드 2세는 인구와 토지를 조사해 세금을 걷어 국가의 재산을 늘렸어요. 그리고 서양식 옷을 들여오는 등 일상생활 속 개혁도 실시했어요. 당시 오스만 제국의 남자들은 머리에 터번을 두르고 생활했어요. 터번은 비단을 친친 감아 만드는 것이라 옷감 낭비가 심했지요. 이에 마흐무드 2세는 남자들에게 똑같은 형태의 '페즈'라는 모자를 쓰게 했답니다.

개혁을 했지만 다시 어려워졌어요

마흐무드 2세의 아들인 압둘 마지드가 술탄이 되자 더 과감한 개혁을 시작했어요. 이 개혁을 '탄지마트'라고 부르는데, 종교적 차별을 없애고 세금 제도와 교육 제도 등을 바꾸는 내용이었지요. 또한 베르사유 궁전을 닮은 돌마바흐체 궁전을 새롭게 지어 오스만 제국의 위대함이 살아 있다는 것을 보여 주려 했어요.

그러던 중 러시아가 오스만 제국에 쳐들어왔어요. 러시아는 유럽과 아시아 사이에 있는 바다인 흑해를 끼고 있는 오스만 제국을 무너뜨리고 넓은 바다로 나가고 싶었어요. 오스만 제국은 러시아가 강해지는 것을 걱정한 영국과 프랑스의 도움을 받아 러시아를 간신히 막아 냈답니다. 이 전쟁이 바로 '크림 전쟁'이에요. 그런데 영국과 프랑스가 러시아와의 전쟁에서 이기게 해 준 대가로 자꾸만 오스만 제국 일에 간섭하려 했어요.

헌법도 만들고 학교도 세웠지만…

나라 사정이 어려운 가운데에도 개혁을 주장하는 세력들에 의해 오스만 제국은 헌법을 만들고 의회를 열었어요. 압둘 마지드의 아들인 압둘 하미드 2세는 술탄이 되자 서양 세력의 간섭을 막으려 노력했어요. 특히 그는 교육 분야에 큰 열정을 가지고 있었어요. 그래서 수도인 이스탄불에 대학을 만들고 사관학교를 늘렸으며, 다양한 전문학교도 세웠어요. 또한 철도와 전신 등의 통신 시설도 설치했답니다.

"배우지 않으면 이 나라에 미래가 없습니다!"

이처럼 압둘 하미드 2세는 개혁에 앞장섰어요. 하지만 자신의 뜻과 반대되는 사람은 비밀경찰을 시켜 가차 없이 잡아들이도록 했지요. 또한 오스만 제국의 지배를 받던 여러 나라의 독립운동도 철저히 탄압했답니다. 그래서 그를 '붉은 술탄'이라 부르며 잔인하다고 비난하는 사람들도 있었어요.

러시아 군대가 이스탄불까지 쳐들어왔어요

오스만 제국의 지배를 받던 불가리아가 반란을 일으켰어요. 압둘 하미드 2세는 불가리아 마을을 불태우는 등 강하게 진압했답니다. 이에 러시아가 이슬람교도로부터 크리스트교도를 보호하겠다는 이유로 오스만 제국에 쳐들어왔어요. 러시아는 평소 호시탐탐 오스만 제국이 끼고 있는 흑해를 노리고 있었거든요. 때마침 오스만 제국에게 공격당하고 있는 불가리아가 흑해와 이어져 있으니 좋은 핑계거리가 생긴 셈이지요.

서아시아와 아프리카의 변화

러시아 군대는 오스만 제국의 수도인 이스탄불까지 쳐들어왔어요. 오스만 제국은 러시아와의 전쟁에서 져 땅을 빼앗기고 불가리아의 독립도 인정해야 했어요. 이를 틈타 유럽의 여러 나라가 오스만 제국을 빼앗으려 하자, 술탄은 강력한 힘을 가지기 위해 헌법을 정지시키고 의회를 없애 버렸어요. 이에 오스만 제국의 젊은 장교들을 중심으로 한 '청년 튀르크당'이 만들어졌어요. 그들은 술탄을 내쫓고 오스만 제국의 헌법과 의회를 되살렸답니다.

이란과 아랍 세계에서 개혁 운동이 일어났어요

이란이 러시아에게 어려움을 당했어요

페르시아의 후예인 이란은 카스피 해를 사이에 두고 러시아와 국경을 맞대고 있었어요. 러시아가 흑해를 노리고 오스만 제국과 전쟁을 했듯이, 이란도 카스피 해를 지키기 위해 여러 차례 러시아 군대를 막아 내야 했어요. 하지만 결국 러시아에게 지고 말았어요. 그 후, 러시아 인들은 이란 지역 어디든 마음대로 다닐 수 있게 되었지요.

영국에게 넘겼던 권리를 되찾았어요

이란은 오래 전부터 면직물* 산업이 발달했어요. 그런데 영국이 싼 면직물을 파는 바람에 이란의 면직물 산업이 어려워졌어요. 게다가 영국에 면직물의 원료인 면화를 줘야 하는 처지가 되었답니다. 이란에 면화를 재배하는 땅이 넓어질수록 농사지을 땅은 점점 부족해졌어요. 이란 사람들의 불만이 커지자 이란 왕은 개혁이 필요하다고 생각했어요. 하지만 개혁을 하기 위해서는 많은 돈이 필요했지요. 그때 영국이 돈을 빌려주겠다며 다가왔어요.

★**면직물** 면화로 만든 천 종류를 통틀어 이르는 말이에요.

서아시아와 아프리카의 변화

이란은 영국에게 돈을 빌리는 대신 담배를 재배하고 파는 권리를 모두 넘겨주었어요. 이란 사람들은 중요한 산업인 담배에 대한 권리를 넘겨주는 것을 반대했어요. 이미 많은 유럽 국가에게 철도 놓는 권리, 석유 생산에 대한 권리 등을 빼앗긴 상태였기 때문이에요. 이란 사람들은 담배를 사지 말자는 운동까지 벌였어요. 결국 이란 정부는 영국에 막대한 돈을 물어 주고 담배에 대한 권리를 되찾아 왔답니다.

와하브 운동이 일어났어요

이슬람교가 처음으로 생겨난 곳은 아라비아 반도예요. 아라비아 반도는 오스만 제국의 지배를 받고 있었지요. 하지만 오스만 제국이 점점 약해져 영국이나 러시아 등의 유럽 국가들에게 아라비아 반도를 침략당했어요. 아랍 인들은 오스만 제국이 이슬람교를 지킬 자격이 없다고 생각했어요. 아랍 인들은 오스만 제국과 유럽으로부터 벗어나 자유를 찾고 싶었어요. 그러던 중 압둘 와하브라는 사람을 중심으로 원래의 순수한 이슬람교 정신으로 돌아가자는 '와하브 운동'이 일어났어요.
그는 술, 담배를 금지하고 도박이나 사치스런 생활도 하지 말라고 가르쳤어요. 그리고 알라의 말씀을 적은 책인 〈쿠란〉의 가르침대로 살아야 한다고 강력히 주장하였어요.
그렇게 이슬람교를 중심으로 아랍 인들이 하나가 되면 서양 세력을 물리치고 잘살 수 있을 거라 믿었답니다.

서아시아와 아프리카의 변화

와하브 왕국이 세워졌어요

이븐 사우드라는 사람이 와하브의 가르침에 빠져들었어요. 이븐 사우드는 지금의 사우디아라비아 땅에서 가장 힘 있는 집안의 사람이었어요. 사우드 가문의 도움으로 아라비아 반도에 와하브 왕국이 세워졌어요. 와하브 왕국은 메카와 메디나 지역을 차지하면서 힘을 키웠으나 오스만 제국에 의해 망했어요. 하지만 이슬람교의 원래 모습으로 돌아가자는 와하브 운동이 아랍 인의 민족의식을 일깨웠으며, 아랍 여러 나라의 독립운동에 영향을 주었답니다.

이슬람교 아래에서 하나가 되려고 했어요

이란에서 태어난 '알 아프가니'는 이슬람교를 믿으면 누구든 어디에 살든 모두 하나라고 생각했어요. 또한 서양의 기술 중 필요한 것이 있다면 받아들여 힘을 키워야 한다고 주장했어요. 그는 이란을 비롯해 이집트와 아라비아 여러 지역을 돌아다니며 이슬람 세력이 하나가 되어야 오스만 제국과 서양 세력을 물리칠 수 있다고 주장했지요. 그 주장은 비록 이루어지지 않았지만 그의 영향을 받은 이집트와 이란에서 민족 운동이 일어났어요.

이집트가 영국의 보호국이 되었어요

오스만 제국의 지배에서 벗어났어요

이집트는 1500년대 중엽부터 오스만 제국의 지배를 받았어요. 하지만 1798년 나폴레옹이 이끄는 프랑스 군이 이집트에 쳐들어왔고, 오스만 제국은 이를 막아 내지 못했어요. 이집트 사람들은 자신들을 지배하는 오스만 제국의 힘이 약해지고 있다는 것을 알아챘답니다. 그리고 프랑스 혁명의 자유와 평등 정신을 배우게 되었지요. 이집트는 드디어 오스만 제국의 지배에서 벗어나고자 노력했어요.

이제 오스만 제국의 시대는 끝났어!

뭐야? 오스만 제국의 힘이 저것밖에 안 돼?

퍽…퍽!

이집트 총독으로 임명된 '무함마드 알리'는 지금이 기회라고 생각했어요. 그는 서양식 무기로 무장한 군대를 조직하고, 교육 제도를 서양식으로 바꿨으며, 산업을 성장시키는 등 이집트의 발전을 위해 노력했어요. 오스만 제국은 힘이 약해져 이집트에 신경을 쓰지 못했어요. 이러한 상황을 이용해 이집트가 아라비아 반도까지 힘을 키웠고 오스만 제국의 지배에서 사실상 벗어나게 되었어요.

인도로 가는 수에즈 운하를 만들었어요

프랑스의 외교관 레셉스가 이집트에 운하를 만들자는 의견을 냈어요. 지중해와 홍해를 연결하면 유럽에서 인도로 가는 길이 훨씬 가까워진다는 이유였어요. 또 그 운하를 지나는 배들에게 통행세를 받아 큰돈을 벌 수 있을 거라 생각했어요. 이집트는 외국에 많은 돈을 빌려 운하를 만들기 시작했답니다.

★운하 육지를 파서 배가 다닐 수 있게 길을 만드는 것을 말해요.

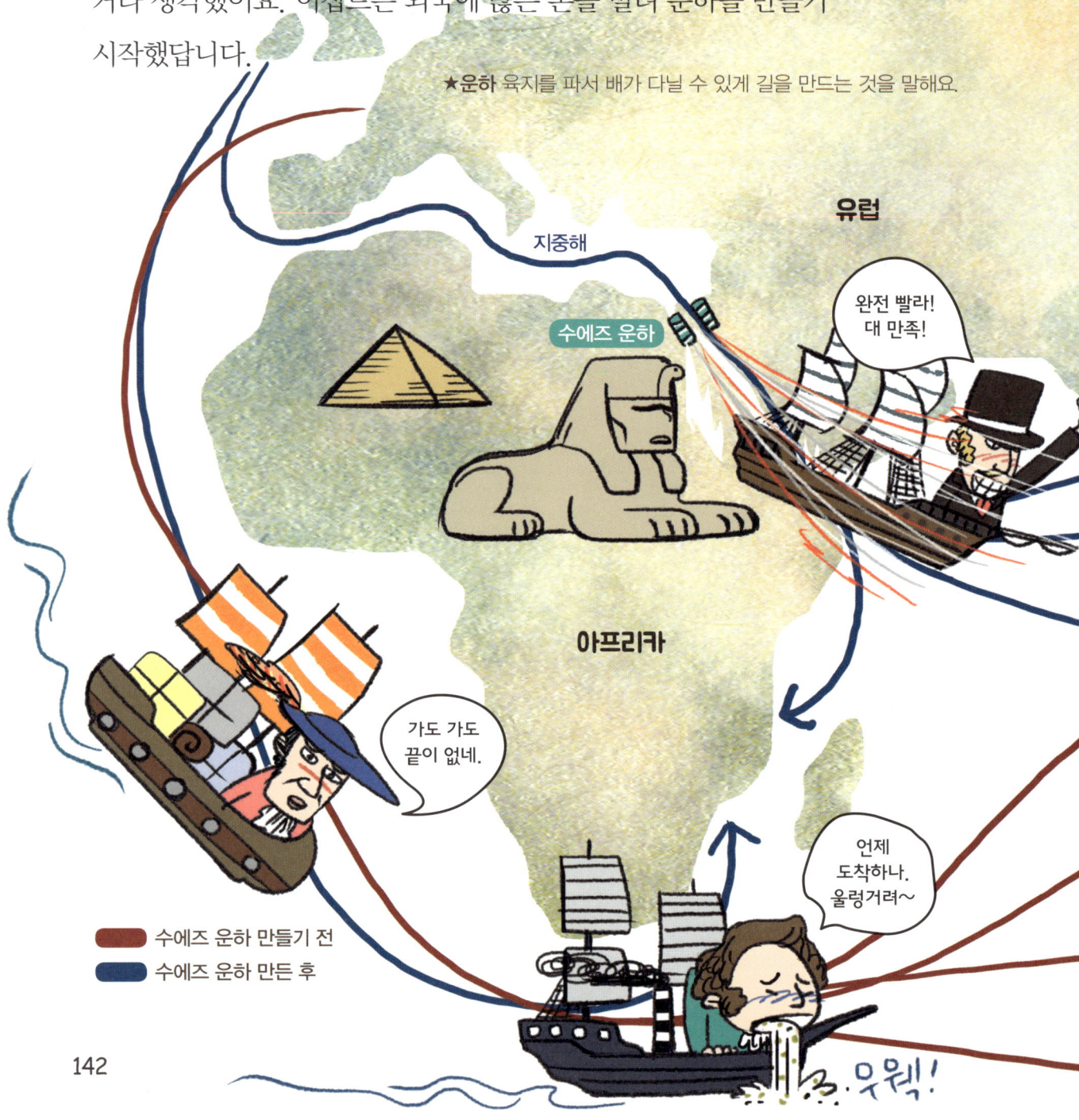

서아시아와 아프리카의 변화

1869년, 168킬로미터에 달하는 수에즈 운하가 만들어졌어요. 이제는 유럽에서 인도로 갈 때 아프리카 대륙을 돌아가지 않고 홍해로 바로 지나갈 수 있게 되었지요. 즉, 아시아로 가는 거리가 약 1만 킬로미터나 줄어든 거예요. 수에즈 운하로 인해 인도로 오가는 시간이 줄어들어 많은 물건을 좀 더 빨리 나를 수 있게 되었답니다.

운하의 권리를 영국에게 넘겨주었어요

이집트가 수에즈 운하를 건설할 때 영국과 오스만 제국이 공사를 멈추라고 협박했어요. 그럴 때마다 프랑스가 나서서 도와주었어요. 결국 수에즈 운하가 만들어졌고, 많은 사람을 초대하여 개통식을 화려하게 열었답니다. 이집트 카이로에 오페라하우스를 짓고 오페라 '리골레토'를 공연하기도 했어요. 이집트는 수에즈 운하가 큰돈을 벌어다 줄 거라고 기대했어요.

서아시아와 아프리카의 변화

하지만 수에즈 운하는 이집트에게 큰돈을 벌어 주지 못했어요. 공사 기간 동안 엄청나게 많은 사람이 죽었고, 돈이 많이 들어 외국에 큰 빚을 지게 됐어요. 이집트는 거의 망할 지경에 이르렀지요. 어쩔 수 없이 수에즈 운하의 권리를 팔려고 내놓을 수밖에 없었어요. 그때 영국이 재빠르게 권리를 사들였어요. 수에즈 운하를 지나는 배가 대부분 영국 배였기 때문에 영국이 그 기회를 잡은 것이죠.

수에즈 운하 팝니다!

수에즈 운하를 사실 나라 없나요?

영국

우리가 사겠소!

영국의 보호국이 되었어요

수에즈 운하의 권리를 팔고도 늘어난 빚은 줄어들지 않았어요. 영국과 프랑스는 이집트의 재산을 직접 관리하겠다며 정치에 간섭하기 시작했어요. 이집트 사람들은 더 이상 왕이 문제를 해결하지 못할 것이라 생각했어요. 그래서 오스만 제국의 술탄에게 이집트 왕을 바꾸어 달라고 했어요. 하지만 오스만 제국은 러시아와의 전쟁에서 지면서 힘을 잃었기 때문에 이집트 문제를 해결해 주지 못했어요.

서아시아와 아프리카의 변화

이에 이집트의 청년 장교인 아라비 파샤를 중심으로 한 이집트 사람들이 헌법을 만들고, '이집트 인을 위한 이집트 건설'을 주장하며 서양의 간섭에 반대하는 운동을 일으켰어요. 하지만 그들은 군대를 앞세운 영국에 의해 진압되고 말았어요. 영국은 이집트를 보호국으로 삼았어요. 영국은 40년 후인 1922년에 이집트의 독립을 인정했으나, 1956년까지 수에즈 운하의 지배권은 계속 가지고 있었답니다.

★**보호국** 한 나라가 다른 나라를 대신해서 외교권을 가지는 것을 말해요. 식민지가 되기 바로 전 단계예요.

나라를 지키기 위한 고종의 노력

일본이 청나라, 러시아와의 전쟁에서 이긴 후였어요. 이제 일본이 대한 제국(조선)에 무엇을 강요해도 청나라나 러시아가 방해하지 못하게 되었지요. 일본은 **1905년, 대한 제국의 외교권을 빼앗고, 통감부를 설치하는 을사늑약을 강요**했어요. 이제 대한 제국이 다른 나라와 **교류할 때 고종 대신 일본인 통감이 대표가 되어 관리**했어요.

★**통감부** 1905년부터 1910년까지 일제가 서울에 둔 관청으로, 대한 제국을 감독하고 침략 준비를 하기 위해 만들었어요.

대한 제국은 불평등 조약으로 인해 일본의 보호국이 되어 버렸어요. 고종은 결코 이 조약에 찬성한 적이 없어요. 그래서 가만히 당하고 있을 수 없었어요. 그래서 1907년 네덜란드 헤이그 만국평화회의에 사절단(헤이그 특사)을 보냈어요. 세계에 일본의 부당함을 알리고 도움을 구하려고 한 것이지요. 하지만 일본의 방해로 실패로 끝이 났어요. 게다가 일본은 세계에 자신들의 잘못을 알리려 한 고종을 강제로 왕의 자리에서 쫓아내기까지 했어요.

★**통감** 일본에서 조선으로 보낸 관리로, 초대 통감으로 온 이토 히로부미는 고종의 권한을 제한하고 정치를 장악했어요.

아프리카 땅을 유럽이 나누어 가졌어요

아프리카를 사랑한 탐험가 리빙스턴

19세기 중반, 영국인 리빙스턴은 아프리카 대륙에 관심이 많았어요. 그래서 영국과 아프리카를 오가며 세 차례에 걸친 탐험을 하였답니다. 처음엔 몹시 덥고 원주민과 말이 통하지 않는 등 어려움이 많았지만, 끝내 아프리카 탐험에 성공했어요. 그는 유럽에서 아프리카를 알리는 책을 내기도 했어요.

서아시아와 아프리카의 변화

그 후, 리빙스턴은 아프리카의 어느 마을에서 병에 걸려 죽었어요. 원주민들은 그를 친구로 생각하고 장례를 치러 주었답니다. 그런데 리빙스턴 덕분에 아프리카에 대해 알게 된 유럽 사람들이 슬슬 욕심을 내기 시작했어요. 유럽의 몇몇 나라는 아프리카를 침략해 자원을 빼앗고 식민지로 만들었어요. 흑인 노예 제도에 반대하고, 아프리카를 사랑했던 리빙스턴의 뜻과는 전혀 달랐지요.

콩고 사람들의 비극

아프리카 대륙의 중앙에 있는 '콩고'라는 나라를 가장 먼저 침략한 사람은 벨기에의 왕 '레오폴드 2세'예요. 콩고에는 고무나무가 많았어요. 그는 원주민들에게 고무나무를 재배하도록 시켜 많은 돈을 벌었어요. 벨기에 사람들은 원주민들을 매우 잔인하게 대했어요. 해야 할 일을 다하지 못하면 손목을 자르는 벌을 내리기도 했지요. 그러한 행동은 아프리카를 침략한 다른 유럽 나라에게조차 강하게 비난받았을 정도였어요.

서아시아와 아프리카의 변화

아프리카를 나눠 가졌어요

아프리카 대륙의 비극은 콩고에서 끝난 것이 아니에요. 벨기에가 콩고를 침략하자, 영국과 프랑스 등의 유럽 지도자들이 급히 회의를 열었어요. 그들은 지도를 펴 놓고 아프리카를 나눠 갖기로 했어요. 그들은 지도에 반듯하게 줄을 그어 아프리카를 나누면서 서로 좀 더 많은 땅을 차지하기 위해 다투기도 했어요. 그 과정에서 아프리카 사람들의 전통이나 생활방식은 전혀 신경 쓰지 않았어요. 그래서 하나의 부족이 두 개로 나뉘기도 했어요.

에티오피아가 나라를 지켜 냈어요

유럽이 아프리카를 차지하기 위해 다투는 사이, 독립을 지켜 낸 나라가 있어요. 바로 '에티오피아'예요.

에티오피아의 왕 메넬리크 2세는 이탈리아가 침략해오자 10만 여 명이나 되는 군대를 조직하고 최신 무기를 사들였어요.

그 결과 아두와 전투에서 이탈리아를 물리치면서 독립을 지켜 냈어요.

세계사 속 한국사 — 6·25 전쟁에 군대를 보낸 나라

우리나라는 1945년 8월 15일 일본으로부터 독립을 했어요. 하지만 북쪽과 남쪽에 다른 정부가 생겼고, 얼마 후 양쪽이 전쟁을 하게 되었어요. 그것이 바로 **1950년 6월 25일**에 일어난 '**6·25 전쟁**'이에요. 그때 남쪽의 대한민국을 도와주러 16개 나라에서 군대를 보내 주었어요. 그중 **아프리카에서 유일하게 군대를 보내 준 나라**가 바로 '**에티오피아**'예요. 현재 **우리나라와 에티오피아에는 참전 기념비**가 세워져 있답니다.

★**참전** 전쟁에 참여하는 것을 말해요.

남아프리카 공화국에서 광산 때문에 전쟁이 일어났어요

유럽 사람들은 이집트에 수에즈 운하가 생기기 전, 아프리카 남쪽에 있는 희망봉을 돌아 아시아로 가야 했어요. 희망봉 지역에는 오래 전부터 네덜란드 사람들이 원주민을 지배하고 살고 있었어요. 그들을 보어인이라고 불러요. 그런데 영국이 희망봉에 욕심을 갖게 되었어요. 결국 보어인들은 영국에 밀려 희망봉을 떠날 수밖에 없었어요.

★**보어인** 남아프리카 지역으로 이민하여 아프리카에 정착한 네덜란드계 사람들과 그 후손들을 말해요.

서아시아와 아프리카의 변화

보어인들이 다른 곳으로 이동하여 세운 나라가 지금의 '남아프리카 공화국'이에요. 19세기 중반, 그곳에서 엄청난 양의 금과 다이아몬드 광산이 발견되었어요. 영국은 금과 다이아몬드 광산을 얻기 위해 보어인들과 전쟁을 벌였어요. 끝내 영국이 전쟁에서 이겼고, 남아프리카 공화국은 영국의 식민지가 되었답니다.

에티오피아는 이탈리아가 침략해 오자 최신 무기와 군대를 조직해 나라를 지켜 냈어요. 두 그림 중 다른 곳이 다섯 군데 있어요. 찾아서 ○해 보세요.

영국은 인도를 식민지로 만들고 많은 자원을 마음대로 가져갔어요.
그 과정에서 인도 사람들이 큰 어려움을 겪었지요.
한편 동남아시아도 유럽 여러 나라에 지배당하며 힘겨운 생활을 했어요.
점차 인도와 동남아시아에서 독립운동이 활발하게 일어났어요.
인도와 동남아시아가 독립을 위해 어떠한 노력을 했으며
그 결과가 어떠했는지 함께 알아보아요.

인도와 동남아시아의 저항

인도가 영국에 저항하기 시작했어요

인도 면화가 영국 공장으로 갔어요

산업 혁명 이후 크게 성장한 영국은 많은 식민지를 갖게 되었어요. 인도는 영국의 식민지 중 하나였어요. 처음에는 영국이 인도를 직접 지배한 것이 아니라 '동인도 회사'를 앞세워 힘을 키워 나갔지요. 그 당시 인도에는 면화가 많이 났기 때문에 동인도 회사가 면화를 싼값에 영국으로 가져갔어요. 인도에서 가져온 면화는 영국 공장에서 면직물로 만들어져 인도에 다시 팔렸어요.

세포이들은 왜 분노하게 되었을까요?

세포이는 영국의 동인도 회사에서 일하는 인도인 군인이었어요.
그들은 영국이 인도를 지배하는 데 큰 공을 세웠지요. 하지만 영국은
세포이를 무시하고 차별했어요. 세포이들은 점점 불만이 쌓이기 시작했지요.
그러던 중 세포이들이 영국으로부터 새로운 총을 받게 되었어요.
그 총에 화약을 넣으려면 화약 넣는 주머니를 입으로 찢어야 하는데
그곳에 돼지기름과 소기름이 발라져 있다는 소문이 났어요.

인도와 동남아시아의 저항

주는 대로 쓰지 무슨 말이 많아?

세포이들은 대부분 힌두교와 이슬람교를 믿고 있었어요. 힌두교는 소를 신성하게 여기고 이슬람교는 돼지를 금지하기 때문에 세포이는 자신들의 종교를 무시당했다고 생각했어요. 세포이들은 영국에 새로운 총을 사용하지 않겠다고 했어요. 영국인 장교는 총을 사용하지 않겠다고 한 세포이들을 감옥에 가두었어요.

세포이를 무시하다니….

복수하고 말겠어!

세포이 항쟁이 전 인도로 퍼졌어요

화가 난 세포이들이 1857년 영국인 장교를 죽이고 반란을 일으켰어요. 그들은 무굴 제국의 수도 델리로 가서 바하두르샤 2세를 자신들의 황제라고 선언했어요. 세포이 항쟁은 점차 전 인도로 퍼져 나갔어요. 동인도 회사 때문에 면직물 산업이 어려워진 수공업자와, 면화와 아편 재배 때문에 곡식을 기르지 못해 굶주린 농민들도 참여했어요.

세포이를 화나게 한 걸 후회하게 해 주마!

히익! 세포이들의 항쟁이 점점 커지고 있어!

인도와 동남아시아의 저항

"이제 나 빅토리아 여왕이 직접 다스리겠어요!"

인도 제국이 생겼어요

세포이 항쟁은 내부 분열과 영국 군의 공격으로 실패하고 말았어요. 영국은 이 일을 계기로 인도를 지배하는 방식을 바꾸기로 했어요. 그동안 영국을 대표하던 동인도 회사를 없애고, 무굴 제국을 무너뜨렸어요. 그리고 1877년, 영국의 빅토리아 여왕이 '인도 제국'을 세워 인도를 직접 통치하겠다고 말했어요.

인도 국민 회의의 저항과 노력

인도 국민 회의가 만들어졌어요

영국이 인도 제국을 만들고 식민지 지배를 강화하자, 인도 여기저기에서 독립운동이 일어났어요. 영국은 인도인의 민족의식이 높아지자 좀 더 편하게 인도를 지배하려면 인도인 관리가 필요하다고 생각했어요. 그래서 1885년, 자신들을 잘 돕는 인도인 관리자와 지식인을 모아 '인도 국민 회의'라는 단체를 만들게 했어요.

너희는 그냥 영국이 시킨 대로 움직이면 돼.

인도와 동남아시아의 저항

영국은 인도 국민 회의를 통해서 자신들이 인도를 존중하고 있다는 모습을 보여 주고 싶었어요. 인도 국민 회의는 처음에 영국 정부와 의견을 나누며 인도인의 삶을 바꾸어 나가는 데 힘을 기울였어요.
영국 정부도 인도 국민 회의의 의견을 적당히 받아들여 주었지요.

팍!

우리가 인도인을 위해 최선을 다하겠습니다!

인도 국민 회의

벵골 분할령을 취소시킨 인도 국민 회의

1905년, 영국이 인도의 벵골 지역을 동서로 나누어 지배하겠다는 '벵골 분할령'을 발표했어요. 힌두교도가 많은 서벵골과 이슬람교도가 많은 동벵골로 나누겠다는 뜻이지요. 여기에는 종교 갈등을 부추겨 인도의 민족 운동을 약하게 만들려는 영국의 속셈이 숨어 있었어요. 인도 국민 회의가 이를 알고 크게 분노하였어요. 벵골 분할령은 인도 국민 회의가 적극적으로 영국 정부에 저항하는 계기가 되었어요.

인도와 동남아시아의 저항

인도 국민 회의는 인도를 하나로 만들어야 한다고 주장했어요. 그러기 위해서는 인도 물건을 사용하여 인도의 산업을 발전시켜야 한다고 생각했지요. 그렇게 '인도 물건만 쓰고 영국 물건은 쓰지 말자.'라는 운동이 일어났지요. 그리고 인도 국민 회의가 영국 정부에 인도인 스스로 나라를 다스릴 수 있게 해달라며 저항 운동을 펼쳤어요. 인도인의 저항이 점점 커지자, 1911년 영국 정부는 벵골 분할령을 취소할 수밖에 없었어요.

조선 군인들의 저항

우리나라도 세포이처럼 부당한 일을 당한 군인들이 저항한 사건이 있었어요. 1882년에 일어난 '임오군란'이랍니다. 당시 조선에서는 일본인 교관의 훈련을 받는 신식 군대인 '별기군'을 만들었어요. 원래 있던 군대는 구식 군대라고 불렸지요. 구식 군대는 별기군과 차별을 당하자 불만이 쌓였어요. 게다가 일 년이 넘도록 급료를 받지 못했답니다. 그 당시엔 쌀을 급료로 받았는데, 일 년 만에 겨우 받은 쌀마저도 모래가 절반이나 섞여 있었어요.

화가 난 **구식 군대는 반란**을 일으켰어요. 그들은 이 모든 것이 별기군 때문이라고 생각했어요. 그래서 별기군을 가르치러 온 일본인 교관을 죽이고 일본 공사관★도 불태웠어요. 심지어 별기군을 만든 조선 정부의 고위 관리들도 죽였어요. 여기에 높은 세금으로 인해 살기 어려워진 백성들까지 참여하면서 반란 세력이 커졌지만, 청나라 군대에 의해 진압되고 말았답니다.

★**공사관** 외교관들이 일을 하며 머무는 곳이에요.

동남아시아 나라들이 유럽에 맞서 싸웠어요

베트남이 프랑스에 저항했어요

프랑스는 인도를 차지하는 데 실패한 후, 베트남으로 진출했어요. 프랑스는 베트남과 불평등 조약을 맺고 지배를 시작했어요. 이에 베트남 황제가 "서양의 침입으로 나라가 위험에 빠졌다. 충성을 다해 황실을 지켜라."라고 명령했어요. 이에 관리와 지식인이 중심이 되어 농민과 함께 프랑스에 저항한 '간쁘옹(근왕) 운동'을 일으켰어요.

★**근왕** 왕을 따라 충성을 다한다는 의미예요.

간뻐옹 운동은 프랑스의 심한 진압으로 성공하지 못했어요. 하지만 판보이쩌우 등의 지식인들이 '베트남 유신회'를 만들었고, 메이지 유신을 통해 큰 발전을 이룬 일본으로 청년들을 유학 보냈어요. 또한 민족의식을 기르기 위해 학교를 세워 미래의 독립운동가를 길러내는 등 프랑스에 저항하는 운동을 이어 갔어요.

필리핀 독립을 위해 일생을 바친 호세 리살

에스파냐의 식민지였던 필리핀에서도 독립의 움직임이 있었어요. 그 중심에는 '호세 리살'이 있었지요. 그는 귀족의 아들로 태어나 에스파냐에서 공부하면서, 에스파냐의 식민 지배가 잘못된 일이라는 걸 알게 되었어요. 그는 에스파냐가 잘못한 점을 〈나에게 손대지 말라〉라는 소설에 썼답니다. 필리핀 사람들은 그의 소설을 읽으면서 독립 의지를 키웠어요.

인도와 동남아시아의 저항

필리핀으로 돌아온 호세 리살은 신문을 만들고 농민들을 가르치고 일깨우는 데 온 힘을 바쳤어요. 에스파냐 정부는 필리핀 독립에 앞장선 그를 감옥에 가두고 다른 사건과 관련 있다고 모함해서 죽이고 말았어요.
그는 죽기 전날, 독립운동가로서의 절실한 마음을 담은 '나의 마지막 작별'이라는 시를 남겼어요.
호세 리살은 죽은 후에도 '독립운동의 아버지'로 불리며 필리핀 사람들의 가슴에 영원히 남아 있답니다.

나의 마지막 작별

동남아시아의 유일한 독립국, 타이

타이는 인도와 베트남 사이에 위치해 있어요. 그것이 타이가 동남아시아에서 유일하게 독립을 지킬 수 있던 이유 중 하나이지요. 그 당시 인도는 영국의 식민지였고 베트남은 프랑스의 식민지였어요. 영국과 프랑스는 타이를 사이에 두고 서로 눈치만 보았답니다. 타이의 왕 라마 5세는 그런 상황을 잘 이용하였어요. 또한 서양의 제도와 기술을 들여온 라마 4세(라마 5세의 아버지)의 업적을 이어 갔어요.

인도와 동남아시아의 저항

라마 5세는 개혁을 통해 백성의 마음을 얻었어요. 먼저 왕 앞에 엎드려 머리를 조아리고 인사하는 법과 노예 제도를 없앴어요. 또한 철도를 만들고 병원과 학교를 짓는 등 타이의 발전을 위해 노력했지요. 유럽 여러 나라와 맺은 불평등 조약을 바꾸기 위해 외교 정책도 잘 추진했답니다. 라마 5세의 이러한 노력으로 타이는 독립을 지키게 되었고, 그는 타이 역사상 가장 존경받는 왕이 되었어요.

인도네시아 국민들의 끈질긴 저항

수많은 섬으로 이루어진 인도네시아에는 여러 왕국이 있었어요. 네덜란드 군대는 그 왕국들을 하나씩 쓰러뜨리며 지배 지역을 넓혀 갔답니다. 네덜란드는 지배 지역의 농민들에게 힘든 노동을 시켰어요. 농민들은 커피, 사탕수수, 담배 농장에서 오랜 시간 일해야 했어요. 견디다 못한 사람들은 식민 지배에 반대하는 운동을 일으켰으나, 네덜란드에 의해 진압되고 말았어요.

인도와 동남아시아의 저항

네덜란드는 인도네시아의 반대 운동을 진압한 후, 더 넓은 땅을 차지하기 위해 인도네시아 수마트라 섬에 있는 아체 왕국으로 쳐들어갔어요. 아체 왕국의 사람들은 나라를 지키기 위해 목숨을 걸고 싸웠어요. 그 싸움은 무려 30년 동안 계속되었지만 아체 왕국은 끝내 네덜란드에게 지배당하고 말았어요. 하지만 아체 왕국의 저항은 인도네시아 독립운동의 깊은 뿌리가 되었답니다. 이후, 인도네시아에는 '이슬람 동맹'이라는 단체가 만들어져 네덜란드의 크리스트교 전파에 반대했어요. 또 산업을 발전시켜 독립을 이루려는 민족 운동을 계속 이어 나갔답니다.

호세 리살은 필리핀 독립을 위해 목숨을 바쳤어요. 그는 죽기 전에 시를 남겼지요. 호세 리살처럼 빼앗긴 나라를 위해 시를 쓴 사람이 많아요. 다음 시를 감상하며 시를 지어 봅시다.

광야 _이육사

까마득한 날에
하늘이 처음 열리고
어디 닭 우는 소리 들렸으랴

모든 산맥들이
바다를 연모해 휘달릴 때도
차마 이곳을 범하던 못하였으리라

끊임없는 광음을
부지런한 계절이 피어선 지고
큰 강물이 비로소 길을 열었다

지금 눈 내리고
매화 향기 홀로 아득하니
내 여기 가난한 노래의 씨를 뿌려라

다시 천고의 뒤에
백마 타고 오는 초인이 있어
이 광야에서 목 놓아 부르게 하리라

나의 마지막 작별 _호세 리살

잘 있거라, 사랑하는 나의 조국이여.
태양이 감싸 주는 영토여.
내 슬프고 억압된 목숨을 너를 위해 바치리니,
오로지 네 생명이 더 밝고 신선하고 축복된다면
나는 너의 평안을 위해
나의 생명을 최후까지 바치리니.

많은 이들이 한 올의 괴로움도 망설임도 없이
싸움터 전장의 격동 속에
그들의 목숨을 너에게 바쳤나니
사이프러스 우거진 곳, 월계, 흰 백합,
교수대 너른 평원, 순교자가 숨진 곳,
고향과 조국을 위해서라면 어디라도 상관 않으리.

_이하 생략

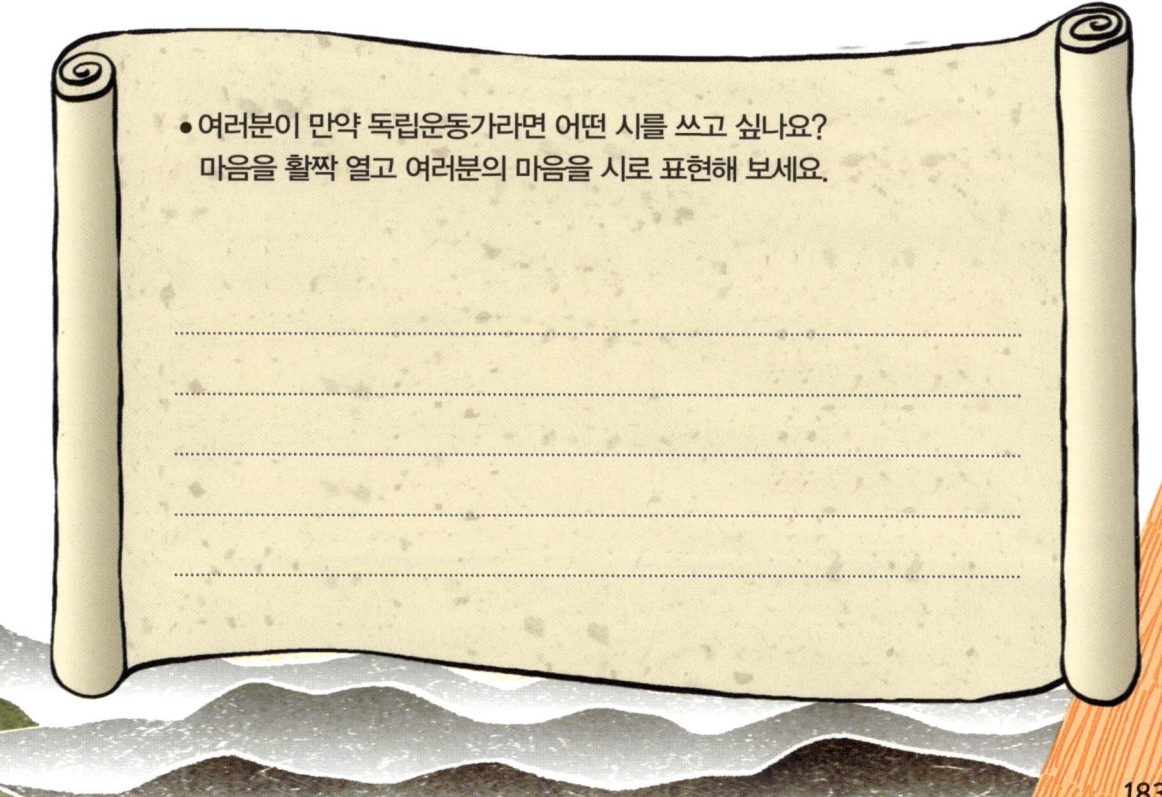

- 여러분이 만약 독립운동가라면 어떤 시를 쓰고 싶나요?
  마음을 활짝 열고 여러분의 마음을 시로 표현해 보세요.

정답

▼ 56~57쪽

▼ 92~93쪽

▼ 120~121쪽
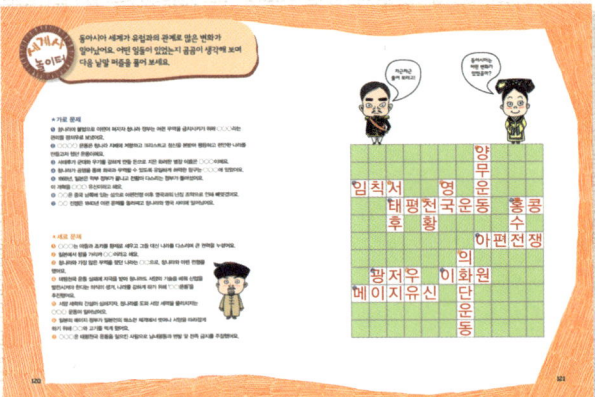

▼ 158~159쪽

▼ 182~183쪽
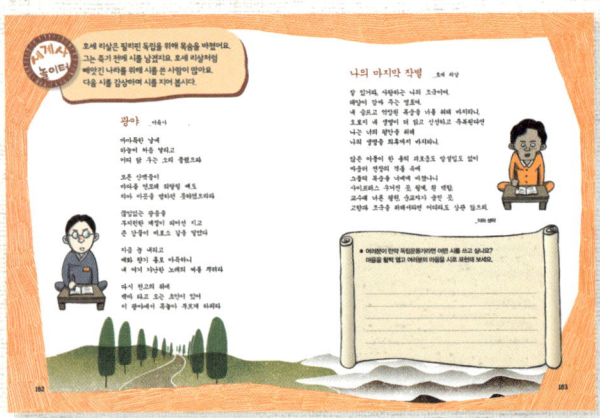

〈그림으로 보는 세계사〉 시리즈는 전 5권입니다.

- **1권** 고대 이야기
- **2권** 중세 이야기
- **3권** 근세 이야기
- **4권** 근대 이야기
- **5권** 현대 이야기

〈그림으로 보는 한국사〉도 함께 읽어요!